上海高等职业教育市级精品在线开放课程配套教材

上海学校课程思政示范课程配套教材

微课版

新编21世纪高等职业教育精品教材

经贸类通用系列

U0873742

经济法基础

主编 王 娟

副主编 石 舫 张逸豪 祁 琪

JINGJIFA JICHU

中国人民大学出版社

·北京·

图书在版编目（CIP）数据

经济法基础 / 王娟主编 . -- 北京 ：中国人民大学出版社，2024.7. --（新编 21 世纪高等职业教育精品教材）. --ISBN 978-7-300-33156-0

Ⅰ. D922.29

中国国家版本馆 CIP 数据核字第 2024WC8289 号

上海高等职业教育市级精品在线开放课程配套教材
上海学校课程思政示范课程配套教材
新编 21 世纪高等职业教育精品教材 · 经贸类通用系列

经济法基础

主　编　王　娟

副主编　石　舫　张逸豪　祁　琪

Jingjifa Jichu

出版发行	中国人民大学出版社		
社　　址	北京中关村大街 31 号	**邮政编码**	100080
电　　话	010-62511242（总编室）		010-62511770（质管部）
	010-82501766（邮购部）		010-62514148（门市部）
	010-62515195（发行公司）		010-62515275（盗版举报）
网　　址	http://www.crup.com.cn		
经　　销	新华书店		
印　　刷	北京七色印务有限公司		
开　　本	787 mm × 1092 mm　1/16	**版　　次**	2024 年 7 月第 1 版
印　　张	10.75	**印　　次**	2025 年 8 月第 2 次印刷
字　　数	240 000	**定　　价**	35.00 元

前　言

本书由上海济光职业技术学院、上海四维乐马律师事务所、上海理业投资控股有限公司合作编写，是上海高等职业教育市级精品在线开放课程、上海学校课程思政示范课程、上海市高职院校经济类专业优质课程“经济法基础”的配套教材。

“经济法基础”是高等教育财经管理类专业的一门主干课程。其教学目标是使学生掌握规范的经济法律制度的基础理论，培养学生的规则意识和法治意识，熟悉有关经济争议解决的程序，建立诚信观念和法治意识，提高解决经济法律问题的能力。本书在编写时以财经管理类职业岗位群应具备的法律素养和技能为导向，同时考虑到非法律专业学生的实际，对内容有所取舍，分以下五大模块阐述相关知识：走进经济法、劳动社会保障法、经济主体法、经济行为法、市场规制法。每个模块都选取典型案例，诠释最新法律条文，内容详略得当，教学目标明确，融入思政元素，实用性强，为学生毕业后从事财经管理类工作，以及参加注册会计师、人力资源管理师、经济师等考试打下基础，培养学生的可持续发展能力。本书可作为高等院校财经管理类专业经济法课程的教材，也可作为经济法律工作者的参考书。

本书的创新性主要体现在以下四个方面：

（1）在体例结构上，每个模块都有“学习目标”，使学生明确“知识目标”“能力目标”“素质目标”等，用“导入案例”引入学习内容；在基本知识讲解部分穿插精品在线开放课程中的“小视频”以拓展学习内容；运用大量实践中的诉讼案例进行“任务实训”；各模块还设置了“知识点睛”，以全面总结模块内容；设置了“学以致用”“能力训练”，以巩固和检验学生的学习效果。

（2）在内容上，本书坚持价值引领，思政融入，落实“立德树人”根本任务，将习近平新时代中国特色社会主义思想、社会主义核心价值观等思政元素与教材内容有机融合。根据近几年修订的相关法律和司法解释，深入浅出地阐述了经济法的基础理论和主要制度，在提升学生的经济法理论水平与应用能力的同时，培养学生的法治精神、契约精神和职业素养。

（3）在案例选择上，为了使学生准确理解我国法律的具体内容和司法适用，本书收录了大量结合具体法律法规的诉讼案例，包括编者在办案过程中接触的一些案例，用生动活泼的形式诠释法律、法理，旨在提高学生的整体素质和法律意识。书中案例除特别注明外，均来自中国裁判文书网的人民法院判决书。

（4）在写作方法上，本书对知识点取舍有度，不过于深究理论，力求脉络清晰、表达精准、简明扼要，便于学生理解和掌握。全书体系完整、重点突出、编排及内容新颖，注重案例教学及背景知识的扩展，具有很强的实用性。

本书由上海济光职业技术学院王娟副教授（博士、兼职律师）担任主编，上海四维乐马律师事务所石舫律师、张逸豪律师及上海理业投资控股有限公司法务经理祁琪担任副主编。王娟负责编写模块一、模块三，石舫、张逸豪负责编写模块二、模块五，祁琪负责编写模块四。

在编写本书的过程中，我们参考借鉴了不少国内同行的经济法著作以及其他研究成果，在此对有关作者表示诚挚的敬意和衷心的感谢。感谢上海四维乐马律师事务所、上海理业投资控股有限公司提供的案例和资料。尽管在编撰过程中付出了十分的努力，但由于编者能力所限，书中错漏和不足之处在所难免，诚恳广大同行、专家、读者批评指正！

编　者

2024 年 6 月

目 录

资源目录

模块一　走进经济法

学习目标

◆ 知识目标

- 了解法、法律关系、法律事实的基本概念
- 掌握法律关系的构成要素
- 了解法的形式和分类
- 理解并掌握法律责任的种类
- 掌握经济纠纷的解决途径

◆ 能力目标

- 分析法律关系的构成要素
- 认知法律事实的两种分类
- 熟练运用仲裁、民事诉讼、行政复议、行政诉讼来解决经济纠纷

◆ 素质目标

- 增强法律素养，提升法律意识
- 依法从事各项社会活动是每个公民的义务

关键词

法的概念　法律关系　法律事实　法律责任　解决经济纠纷

学习重点

法律关系的构成要素；法律责任；经济纠纷的解决途径

学习难点

分析法律关系的构成要素；仲裁与民事诉讼的区别和联系

导入案例

2001年5月22日，汝阳公司与伊川公司签订了一份合同，约定由伊川公司为其代繁玉米种子。但伊川公司未能履约，为赚取更大利润，将所育种子高价卖给了他人。2003年初，汝阳公司以伊川公司没有履约为由将其起诉到洛阳市中级人民法院，请求法院判令伊川公司合同违约并对汝阳公司做出经济赔偿。双方对案件事实不存在争议，但在赔偿损失的计算方法上存在分歧。汝阳公司主张适用《种子法》，以“市场价”计算赔偿数额，共70余万元；而伊川公司认为，赔偿应当依据《河南省农作物管理条例》及省物价局、农业厅据此制定的《河南省主要农作物种子价格管理办法的通知》，即以“政府指导价”来确定赔偿数额，因为按此计算，伊川公司只需赔偿2万元左右。

洛阳市中级人民法院审理后，于2003年5月27日做出（2003）洛民初字第26号判决书，判令伊川公司按市场价格进行赔偿。判决书中写道：“《种子法》实施后，玉米种子的价格已由市场调节，《河南省农作物种子管理条例》作为法律位阶较低的地方性法规，其与《种子法》相抵触的条（款）自然无效。”一审判决后，伊川公司向河南省高级人民法院提起上诉。

2004年3月30日，最高人民法院发出《关于河南省汝阳县种子公司与河南省伊川县种子公司玉米种子代繁合同纠纷一案请示的答复》认为：根据《立法法》第七十九条规定：“法律的效力高于行政法规、地方性法规、规章，行政性法规的效力高于地方性法规、规章”；《中华人民共和国合同法》解释（一）第四条规定：“合同法实施以后，人民法院确认合同无效应当以全国人大及其常委会制定的法律和国务院制定的行政性法规为依据，不得以地方性法规和行政规章为依据”，人民法院在审理案件过程中，认为地方性法规与法律、行政法规的规定不一致，应当适用法律、行政法规的相关规定。

4月1日，河南省人大常委会通过《河南省实施〈中华人民共和国种子法〉办法》，《河南省农作物种子管理条例》同时废止。河南省高级人民法院做出终审判决，维持洛阳市中级人民法院的原判。

本案例中，汝阳公司与伊川公司存在什么法律关系？什么是法？在我国，法的表现形式有哪些？哪些国家机关有权制定法律规范？不同国家机关制定的法律规范在法律体系中的地位和效力有什么不同？要回答这些问题，必须学习以下相关知识。

项目一　与经济法相关的基础知识

任务一　了解什么是法

基本知识

一、法的概念

法是由国家制定或认可，并以国家强制力保障实施的行为规范的总称，其本质是统治阶级意志的体现。法不是超阶级的产物，不是社会各阶级的意志都能体现为法，法只能是统治阶级意志的体现。但法所体现的统治阶级的意志，不是随心所欲、凭空产生的，而是由统治阶级的物质生活条件决定的，是社会客观需要的反映。它体现的是统治阶级的整体意志和根本利益，而不是统治阶级每个成员个人意志的简单相加。

二、法的特征

法作为一种特殊的行为规则和社会规范，不仅具有行为规则、社会规范的一般共性，还具有自己的特征，具体如下：

（1）法是经过国家制定或认可才得以形成的规范，具有国家意志性。

（2）法凭借国家强制力的保障而获得普遍遵行的效力，具有国家强制性。

（3）法是确定人们在社会关系中的权利和义务的行为规范，具有利导性。

（4）法是明确而普遍适用的规范，具有规范性。

任务二　掌握法律关系基本知识

基本知识

一、法律关系的概念

法律关系是根据法律规范产生的、以主体之间的权利与义务为内容的特殊的社会关系，即法律上的权利义务关系。社会关系是多种多样的，因而调整它的法律规范也是多种多样的，例如：调整平等主体之间的人身关系和财产关系而形成的法律关系，称为民事法律关系或民商法律关系；调整行政管理关系而形成的法律关系，称为行政法律关系；调整因国家对经济活动的管理而产生的社会经济关系，称为经济法律关系。它们也可以称为民法关系、行政法关系、经济法关系等。

经济法律关系是指经济法主体在国家干预和协调经济运行过程中根据经济法律规范规定所形成的权利和义务关系。

二、法律关系的构成要素

并非所有的社会关系均属于法律关系，法律关系是以相应法律规范的存在为前提的，没有法律规范就不可能产生相应的法律关系。例如，同学关系、恋人关系，因不存在相应的法律规范，也就不存在相应的法律关系。

法律关系由法律关系的主体、法律关系的内容和法律关系的客体三个要素构成，具体如图 1–1 所示。

法律关系由哪些要素构成?

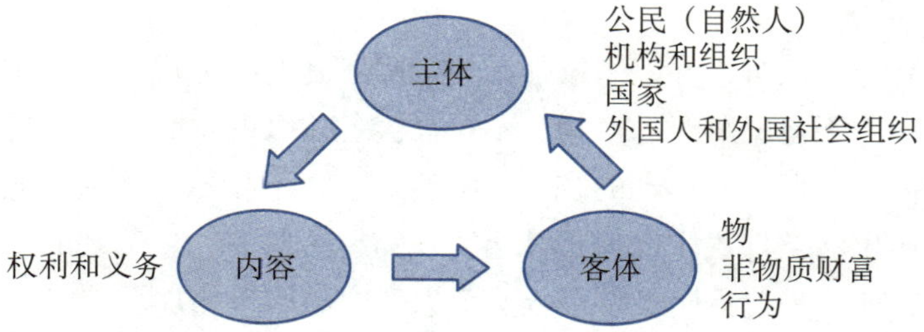

图 1–1　法律关系的构成要素

（一）法律关系的主体

法律关系的主体，是指参加法律关系、依法享有权利和承担义务的当事人。享有权利的当事人称为权利主体，承担义务的当事人称为义务主体。

根据我国法律规定，法律关系主体包括：

（1）公民（自然人）。公民是最常见的法律关系主体，可以参加的法律关系非常广泛。在我国，还有一类由公民组成的特定主体，如个体户、农户、合伙人等，也可参与某些特定的法律关系。

（2）机构和组织（法人）。这主要包括国家机关、各种企业、事业组织以及社会团体。

（3）国家。在特殊情况下，国家可以作为一个整体成为法律关系主体。

（4）外国人和外国社会组织。外国人、无国籍人和外国社会组织，以我国有关法律以及我国与有关国家签订的条约为依据，也可以成为我国某些法律关系的主体。

法律关系主体的权利能力，又称权利义务能力，是法律关系主体依法享有一定权利和承担一定义务的法律资格。公民和法人要成为法律关系的主体，必须具备权利能力。自然人的权利能力始于出生，终于死亡。自然人的权利能力一律平等。法人的权利能力在法人成立时产生，至法人终止时消灭。

法律关系主体的行为能力，是指法律关系主体能够通过自己的行为实际行使权利和履行义务的能力。法律关系的主体要自己参与法律活动，必须具备相应的行为能力。自然人的行为能力一般通过自身实现，而法人的行为能力则通过其法定代表人实现。法人的行为能力和权利能力是一致的，同时产生，同时消灭。自然人的行为能力不同于其权利能力，具有民事权利能力不一定具有民事法律行为能力。法律一般以年龄和精神、智力状况作为判断和确定其民事法律行为能力的依据。

根据我国《民法典》的规定，自然人的行为能力划分为以下三类：一是完全民事行为能力人，是指达到法定年龄、智力健全、能够对自己的行为负完全责任的自然人。根据我国《民法典》第 17 条和第 18 条的规定，18 周岁以上的自然人为成年人，可以独立实施民事法律行为。16 周岁以上的未成年人，以自己的劳动收入为主要生活来源的，视为完全民事行为能力人。二是限制民事行为能力人。我国《民法典》第 19 条和第 22 条规定，8 周岁以上的未成年人和不能完全辨认自己行为的成年人为限制民事行为能力人，实施民事法律行为由其法定代理人代理或者经其法定代理人同意、追认；但是，可以独立实施纯获利益的民事法律行为或者与其年龄、智力、精神健康状况相适应的民事法律行为。三是无民事行为能力人，是指完全不具备行为能力，不能通过自己的行为行使权利、履行义务的自然人。我国《民法典》第 20 条和第 21 条规定，不满 8 周岁的未成年人和不能辨认自己行为的成年人为无民事行为能力人，由其法定代理人代理实施民事法律行为。

（二）法律关系的内容

法律关系的内容，是指法律关系主体所享有的权利和承担的义务。权利是指法律关系主体依法享有的权益，表现为权利享有者依照法律规定具有的自主决定作出或者不作出某种行为、要求他人作出或者不作出某种行为的自由。如自然人享有继承权，也可以放弃继承；财产所有权人有要求他人不作出侵害其所有权或妨碍其所有权行使行为的权利。义务是指法律关系主体依照法律规定所承担的必须作出某种行为或者不得作出某种行为的负担或约束。依法承担义务的主体称为义务主体。义务主体必须或者应当作出某种行为的义务，称为积极义务，如纳税、服兵役等。义务主体不得作出某种行为的义务，称为消极义务，如不得毁坏公共财物，不得侵害他人生命财产安全等。

法律权利和义务作为构成法律关系内容的两个方面，是密切联系不可分离的。在大多数民商法律关系中，各方主体都既享有权利又承担义务。如买卖关系中，买方承担向卖方支付价款的义务，同时享有获得卖方出售物的权利；卖方享有获得买方价款的权利，同时承担向买方交付出售物的义务。

法律上的权利和义务，都受国家法律保护。当义务人拒不履行义务的时候，权利人可以请求司法机关或其他国家机关依法采取必要的强制措施，来保障权利的实现和义务的履行；当法律关系主体的权利受到侵害时，可以请求司法机关或其他国家机关给予保护。

（三）法律关系的客体

法律关系的客体，是指法律关系主体的权利和义务所共同指向的对象。权利和义务只有通过客体才能得到体现和落实。如果没有客体，权利与义务就失去了依附的目标和载体，无所指向，也就不可能发生权利与义务。

一般认为，法律关系的客体概括起来主要包括以下三类：

（1）物，指可为人们控制的，具有一定经济价值和实物形态的生产资料和消费资料。物可以是自然物，也可以是人造物，还可以是财产物品的一般价值表现形式——货币及有价证券。

（2）非物质财富，也称精神产品、精神财富，包括知识产品和道德产品。知识产品也称智力成果，是指人们通过脑力劳动创造的能够带来经济价值的精神财富，如著作、发明、设计等。道德产品是指人们在各种社会活动中所取得的非物化的道德价值，如荣誉称号、嘉奖表彰等，它们是自然人、法人荣誉权的客体。

（3）行为，指法律关系的主体为达到一定目的所进行的作为（积极行为）或不作为（消极行为），是人的有意识的活动。如生产经营行为、经济管理行为、完成一定工作的行为和提供一定劳务的行为等。

任务实训

张某于2014年12月1日出生。2021年6月9日，张某的母亲石某以张某的名义与甲房地产公司签订了《商品房买卖合同》及其补充协议，约定由张某购买甲房地产公司开发的某小区房屋，该房屋总价款为322 048元，张某采取分期付款的方式付款，第一期房款于2021年6月9日前付清，第二期房款于2021年9月8日前付清，第三期房款于2021年12月8日前付清。同时，合同约定，如果张某逾期付款，应自合同约定的应付款期限之第二天起至实际支付应付款之日止，按日向甲房地产公司支付逾期应付款万分之一的违约金。

张某付了第一期房款后，就未向甲房地产公司支付房款，故甲房地产公司于2023年9月4日将张某起诉至法院，要求其支付剩余房款并承担违约责任。张某的母亲石某在该《商品房买卖合同》上签字并注明其是购房者张某的监护人、母亲。

实训步骤：

1. 请思考：张某是否能够单独作为承担义务主体的被告？
2. 请写下你的观点并进行分享，或上传至线上课程“问答”模块。

任务三 认知法律关系的产生

基本知识

任何法律关系的产生、变更和消灭，都要有法律事实的存在。法律事实是指由法律规范所规定的，能够产生法律后果，即能够直接引起法律关系产生、变更和消灭的情况。以其发生是否以当事人的意志为转移

法律关系是如何产生的？

作为标准，法律事实可分为两类：法律事件和法律行为。

一、法律事件

法律事件是指不以当事人的意志为转移的能够引起法律关系的产生、变更、消灭的客观情况。法律事件可以分为社会事件和自然事件，前者如社会革命、战争、罢工、重大政策的改变等，后者如人的生老病死、地震、洪水等。

事件发生后，有的事件依据法律会直接引起法律关系的演变，如人的出生、死亡，依据法律会直接引起抚养关系、法定继承关系，但有的法律事件发生后，依据法律并不能直接引起法律关系，如洪水发生后，引起某人财产或人身损害，但若某人未与保险公司在此之前建立保险合同关系，就不可能直接引起保险赔偿关系。可见，有的事件发生后会依法直接成为法律事实，而有的事件发生后并不必然成为法律事实，从这个角度来讲，事件要成为法律事件有其法律前提。例如在这个事实之前存在一份有效的合同，这样，一个事件发生后，由于它符合法律及当事人约定的情形，因此才成为法律事实。

二、法律行为

法律行为，是指能引起法律关系产生、变更和消灭的人的活动（行为）。法律行为也是法律事实的一种，它同法律事件的不同之处在于它以人的意志为转移，是人们有意识的自觉活动的结果。根据不同的标准，法律行为可以有不同的分类。

（1）合法行为和违法行为。这是根据法律行为是否符合法律规范的要求而进行的分类。

（2）积极行为和消极行为。这是根据行为的表现形式的不同进行的分类。积极行为，是指以积极、主动作用于客体的形式表现的、具有法律意义的行为，如市场监督管理机关主动查处不正当竞争行为；消极行为，是指以消极的、抑制的形式表现的具有法律意义的行为，如市场主体不从事偷税漏税行为。

（3）单方行为与多方行为。这是根据主体意思表示形式的不同所作的分类。单方行为，是指法律主体一方的意思表示即可成立的法律行为，如遗嘱、行政命令等；多方行为，是指由两个或两个以上的多方法律主体意思表示一致而成立的法律行为，如合同行为等。

（4）要式行为与非要式行为。这是根据行为是否需要特定形式或实质要件所作的分类。要式行为，是指必须具备某种特定形式或程序才能成立的法律行为；非要式行为，是指无需特定形式或程序即能成立的法律行为。如民间借款是非要式法律行为，金融借款是要式法律行为。

任务实训

某制衣厂于2020年11月11日与某财产保险公司的代理人签订了包括自燃等保险事故在内的企业财产保险合同。根据保险合同，该厂将自有的固定资产和流动资产全部投入保险，保险费3万元，保险期限1年。在财产保险合同、保险单及所附财产明细表中，均写明投保的流动资产包括产成品、原材料和产品存放在本厂库房，并标明了位置。投保后，制衣厂先后于2021年7月8日、12日两次将保险产成品发往其驻南京的销售部，共计2 000件，价值35万元。2021年8月10日，南京连日持续高温，引起南京库房的货物自燃，全部被毁。对此损失，保险公司拒绝赔偿。

实训步骤：

1. 请分析该保险法律关系中的主体、客体和内容。
2. 小组讨论：本案中引起保险法律关系产生、变更和终止的法律事实是什么？

任务四 明确法的形式和分类

基本知识

一、法的形式

法的形式即法的形式渊源，是指法的具体的表现形态，即法是由何种国家机关，依照什么方式或程序创制出来的，并表现为何种形式、具有何种效力等级的规范性法律文件。

我国法的主要形式如下。

（一）宪法

宪法由国家最高立法机关，即全国人民代表大会制定，是国家的根本法，具有最高的法律效力。中华人民共和国成立后，于1954年9月20日、1975年1月17日、1978年3月5日和1982年12月4日通过四个宪法，现行宪法为1982年宪法，并历经1988年、1993年、1999年、2004年、2018年五次修正。

（二）法律

法律是由全国人民代表大会及其常务委员会经一定立法程序制定颁布的规范性文件。其法律效力和地位仅次于宪法，是制定其他规范性文件的依据。例如《中华人民共和国刑法》《中华人民共和国民事诉讼法》等。

（三）行政法规

行政法规是指专门由国家最高行政机关——国务院制定的规范性文件，其法律效力仅次于宪法和法律。行政法规通常冠以条例、办法、规定等名称。例如《城市道路管理条例》《中华人民共和国注册建筑师条例》等。

（四）地方性法规

省、自治区、直辖市以及设区的市的人民代表大会及其常务委员会根据本行政区域的具体情况和实际需要，在不同宪法、法律、行政法规相抵触的情况下，可以制定适用于本地区的地方性法规；民族自治地方的人民代表大会有权依照当地的政治、经济和文化的特点，制定自治条例和单行条例。

（五）特别行政区的法

我国《宪法》第 31 条规定："国家在必要时得设立特别行政区。在特别行政区内实行的制度按照具体情况由全国人民代表大会以法律规定。"按照 1990 年、1993 年全国人大先后制定的《中华人民共和国香港特别行政区基本法》和《中华人民共和国澳门特别行政区基本法》的有关规定，这两个特别行政区有权制定在各自辖区内生效的法律、法规和命令等。当然，这两个特别行政区制定的法律、法规不能同全国人大制定的本特别行政区的基本法相抵触，必须符合"一国两制"的精神，也只能在该特别行政区有效。

（六）规章

国务院各部委及其直属机构可以根据法律和国务院的行政法规、决定和命令，在本部门的权限范围内制定规章。省、自治区、直辖市、设区的市、自治州的人民政府，可以根据法律和本省、自治区、直辖市的地方性法规，制定规章。

宪法是我国的根本法，一切法律、行政法规、地方性法规、自治条例和单行条例、规章都不得同宪法相抵触。不同形式的法律的制定机关及其效力等级或者位阶是不同的，宪法＞法律＞行政法规＞地方性法规＞同级地方政府规章，宪法＞法律＞行政法规＞部门规章。根据《立法法》的规定，地方性法规与部门规章之间对同一事项的规定不一致，不能确定如何适用时，由国务院提出意见，国务院认为应当适用地方性法规的，应当决定在该地方适用地方性法规的规定；认为应当适用部门规章的，应当提请全国人民代表大会常务委员会裁决。部门规章之间对同一事项的规定不一致时，由国务院裁决。

全过程人民民主是我国立法工作的基本原则。建设社会主义现代化强国的过程中，会遇到各种困难，经历各种曲折，需要充分发挥民智，集思广益，制定出适合发展需要、满足社会需求的各种法律法规。而全过程人民民主，能够激发广大人民群众的创造活力，为实现善治提供良法。

二、法的分类

法的分类如表 1–1 所示。

表 1–1 法的分类

分类标准	具体分类	举例
法的创制与适用主体	国内法和国际法	《中华人民共和国民法典》与《经济、社会及文化权利国际公约》
法的效力、内容和制定程序	根本法和普通法	宪法与其他法律
法的效力范围	一般法和特别法	民法与公司法
法的内容	实体法与程序法	民法与民事诉讼法
法的创制和表达形式	成文法和不成文法	—
法律运用的目的	公法与私法	刑法与民法

（一）国内法与国际法

这是按照法的创制与适用主体的不同所做的分类。国内法是由特定国家创制并适用于该国主权管辖范围内的法。国际法是指在国际交往中由不同的主权国家通过协议制定或确认的，适用于国家之间的法。

（二）根本法和普通法

这是按照法的效力、内容和制定程序的不同所做的分类。根本法即宪法，它规定了国家的根本的政治制度和社会制度、公民的基本权利和义务、国家机关的设置、职权等内容，在一个国家中占据最高法律地位，是具有最高法律效力的法，是其他法律制定的根据。普通法即宪法以外的其他法，它规定国家的某项制度或调整某一方面的社会关系。

（三）一般法与特别法

这是按照法的效力范围的不同所做的分类。一般法是指在一国范围内，对一般公民、法人、组织和一般事项都普遍适用的法律，如宪法、民法、刑法等。特别法是指在一国的特定地区、特定期间或对特定事件、特定公民有效的法。一般情况下，在同一领域，法律适用遵循特别法优于一般法的原则。

（四）实体法与程序法

这是按照法规定的具体内容的不同所做的分类。实体法是规定主要权利和义务的法。程序法是指为保障权利和义务的实现而规定的程序的法。实体法与程序法的关系是内容与形式的关系。

（五）成文法与不成文法

这是按照法的创制和表达形式的不同所做的分类。成文法是指由特定国家机关制定和公布，以文字形式表现的法，又称制定法。不成文法是指由国家认可的，具有法律效力，一般不具有文字表现形式的法，主要包括习惯法、判例法。

（六）公法和私法

这是根据法律运用的目的所做的分类，凡是以保护公共利益为目的的法律为公法，如刑法、行政法；凡是以保护私人利益为目的的法律为私法，如民法、商法。

任务实训

2003 年 3 月 17 日 22 点，在广州某公司工作的孙志刚，在广州天河区黄村大街步行去网吧。此时，正值广州公安机关开展严打和广州“两会”前夕，当天下午天河公安分局召开动员大会要求重点清查无身份证、暂住证、务工证的“三无”人员。孙志刚由于没有办理暂住证，被带到天河区黄村街派出所，当晚 24:00，孙志刚的两位朋友到派出所说明无果，之后孙志刚被带到天河区收容待遣所。孙志刚称有心脏病，于 18 日被转送至收容人员救治站诊治，19 日晚因大声求助引起救治站护工乔某不满，伙同他人将孙志刚转到别的护理室，并指使同室收容人员将其殴打致死。

在孙志刚事件之前，为了救助流浪汉和乞讨者，很多地方政府设有收容所，目的是帮助在城市的无业游民返回家乡。但在实行过程中，部分收容所员工不但不救助弱者，反而对被收容者进行敲诈勒索，甚至有辱骂、殴打等违法行为。

根据许多大中城市的规定，外来务工人员必须办理暂住证，否则视同流浪者。警察有权抓捕这些没有暂住证的人，并把他们遣返原籍或者关押于收容所。

媒体的介入，使得孙志刚事件在网络上引起广泛影响。北京大学许志永等 3 名法学博士联名上书全国人大常委会，要求对《城市流浪乞讨人员收容遣送办法》进行违宪审查，废除收容遣送制度。贺卫方等 5 位著名法学家也先后以中国公民的名义联合上书全国人大常委会，就孙志刚案及收容遣送制度实施状况提请启动特别调查程序。

同年 6 月 20 日，国家公布《城市生活无着的流浪乞讨人员救助管理办法》，同时废止 1982 年 5 月国务院发布的《城市流浪乞讨人员收容遣送办法》。同年 8 月 1 日，《城市生活无着的流浪乞讨人员救助管理办法》正式施行。新办法提出了全新的自愿救助的原则，取消了强制手段。

这一事件可谓推动中国法治进步的标志性事件。各地收容遣送站纷纷摘下了牌子，取而代之的是人性化的救助站。

实训步骤：

1. 小组讨论：孙志刚案件对我国的法治建设有何启示意义？
2. 请梳理小组成员的观点，进行分享。

项目二 揭开经济法的“面纱”

任务一 理解经济法的概念和地位

基本知识

“经济法”这一概念源于法国。1755 年，法国著名的空想社会主义者摩莱里（Morelly）在他的《自然法典》一书中，首先使用了“经济法”。现代意义上的经济法肇始于 20 世纪初的德国。第一次世界大战期间，德国颁布了《煤炭经济法》和《钾盐经济法》。之后，德国出版了很多以经济法为题的学术著作和教科书，“经济法”概念有了较为完整的含义。经济法的产生与发展，堪称 20 世纪法学领域最耀眼的成就之一。

一、经济法的概念

从经济法产生的社会经济背景考察，西方国家的经济法是在从自由资本主义经济过渡到垄断资本主义经济过程中，国家为应对经济发展中出现的市场失灵和经济危机等问题，而越来越普遍采取干预措施的背景下产生和发展起来的。

在我国，经济法是在改革开放和加强经济法治的背景下逐步兴起的，并随着社会主义市场经济体制建设步伐的推进而不断丰富和完善。目前，经济法的概念、范畴等在学术界尚存在分歧。本书不对学术性分歧进行探讨和研究。经济法现象已在社会中普遍存在，从经济法的产生和发展来看，它实际是社会经济集中和垄断的产物，是国家干预社会经济生活的具体表现。可以说，经济法是调整国家在管理与协调经济运行过程中发生的经济关系的法律规范的总称。

随着部门法划分界限的逐渐明确以及法学学科的不断发展，“经济法”这一概念的法学意义已经被特定化为与民商法相并列的经济法律部门以及与其相对应的经济法学学科，而不再是“调整经济关系的法”或“与经济相关的法”这样的表面含义。严格地讲，“经济法”这一名称已经不能完全涵盖本书的内容，因为从部门法意义上看，本书不仅包括经济法相关制度，而且还包括民商法相关制度。但是，考虑到财经管理类专业经济法教材的名称一直沿用，已约定俗成，且本书也不是纯学术意义上的专著，因此继续使用“经济法”的名称。

二、经济法的体系

如同经济法的概念一样，对经济法的体系问题，学术界也存在不同认识。本书按照经济关系以及经济法所调整的基本内容，将经济法体系做如下划分：

（1）经济主体法，指对市场主体进行规制的法律制度，主要是企业法律制度，包括公司法律制度、合伙企业法律制度、个人独资企业法律制度等。

（2）经济行为法，指调整市场主体在经济流通和交换过程中发生的权利义务关系而产生的法律制度，主要是合同法律制度、知识产权法律制度、担保法律制度等。

（3）市场规制法，指国家在组织管理和协调经济活动中形成的法律制度，主要是财税、金融、价格、市场和特定行业管理法律制度等，如反不正当竞争法律制度、产品质量法律制度、企业所得税法律制度、政府采购法律制度等。

三、经济法的地位

经济法是与民商法、行政法、刑法等平行的、独立的法律部门。经济法反映经济基础、调整经济关系的直接性，决定了它在实现国家领导、组织、管理经济职能中的突出作用，决定了它在调整经济关系的各种法律手段中的重要地位。

（一）经济法是一个独立的法律部门

判断法是不是独立的法律部门的标准是看该法有没有自己特定的调整对象。之所以称调整平等的民事主体之间的人身关系、财产关系的法为民法，调整犯罪及刑罚的法为刑法，就是因为它们都有自己的调整对象。同理，经济法也有自己的调整对象，即一定范围的经济关系。经济法的调整对象同其他法的部门的调整对象不是交叉或重叠的，具有自己的特征。

（二）经济法与其他部门法的主要区别

1. 经济法与民法的区别

（1）调整对象不同：经济法主要调整行政管理性经济关系，民法主要调整平等主体的法人、自然人之间的人身关系和财产关系。

（2）调整的方法不同：经济法以积极和主动的方式调整社会经济活动，而且运用宏观调控和经济监督等手段，不仅有惩罚，而且有奖励。民法则以平等协商、不告不究的方式调整个体民事活动。

（3）主体范围不同：经济法的主体不仅包括社会组织和特定的公民等，还包括国家及国家机关。民法的主体则主要是平等的自然人和特定情况下的社会组织。

2. 经济法与行政法的区别

（1）调整对象不同：行政法主要调整国家行政机关与企事业单位、社会团体和公民个人之间以及国家行政机关内部在行政管理活动中所形成的各种社会关系，这种行政管理关系是非物质利益的社会关系；而经济法所调整的是物质利益关系。

（2）调整方法不同：行政法通常用命令与服从的方式调整上下级隶属关系，保障行政权力的组织性和有效性；经济法的调整方法主要体现在对市场经济的规范和引导上。

（3）社会功能不同：经济法有两大基本功能：一是在市场调节失灵的情况下弥补市场的不足，恢复市场有序竞争；二是弥补行政法在运用行政手段干预社会经济生活方面的不足，确保市场机制的作用。这两大功能是行政法所不具备的。

（4）规范构成不同：行政法的规范构成只能是行政法律、法规；而经济法除此之外，还有其他典型法律制度，如《中华人民共和国反垄断法》。

经济法在市场经济中的作用与民法、行政法有许多共同之处，如控制权力、保护权利等。但是，它对民法、行政法在市场中的调节有明显的补充性并有自身的独特性。经济法对市场经济的干预是主动的，存在许多事前干预的情况，这在宏观调控法中尤其突出。

揭开经济法的“面纱”

任务二 明确经济法律责任

基本知识

经济法律责任，是指国家机关、社会组织、公民个人以及其他经济法主体违反经济法律规范，不履行或不完全履行经济义务或滥用经济权利时，应当对国家或受损害者承担的责任。

违反经济法的法律责任主要有民事责任、行政责任和刑事责任。

一、民事责任

民事责任是指由于违反民事法律、违约或者根据民事法律的规定所应承担的法律责任。民事责任主要是财产责任。民事责任可能由当事人依法协商解决。当事人承担民事责任的主要方式有：停止侵害，排除妨碍，消除危险，返还财产，恢复原状，修理、重作、更换，继续履行，支付违约金，消除影响、恢复名誉，赔礼道歉赔偿损失等。

二、行政责任

行政责任是指由国家行政机关或者国家授权的有关单位对违反经济法的单位或者个人依法采取的行政处分或行政处罚。企事业单位一般承担行政责任的具体形式主要有：警告、罚款、没收违法所得、没收非法财物、责令停产停业、暂扣或吊销许可证件、降低资质等级、限制开展生产经营活动、责令关闭、限制从业等；个人一般承担的行政责任主要有：警告、记过、记大过、降级、撤职、开除、行政拘留等。

三、刑事责任

刑事责任是指经济法律关系的主体及其负责人，以及负有直接责任的人员，因违反经济法律、法规，情节非常严重，或者给国家造成重大经济损失，触犯了刑法，构成经济犯罪，由国家司法机关依法给予刑事处罚。

任务实训

案例一：

《葫芦兄弟》动画片是由上海美术电影制片厂有限公司制作完成的，具有很高的知名度，其动画片及葫芦娃动漫角色美术作品除署名权以外的其他著作权均属上海美术电影制片厂所有。

四月星空公司、仙山公司早年与他人签约，从而获得《十万个冷笑话》漫画美术作品著作权。2013 年，四月星空公司作为《十万个冷笑话》漫画作品及动画作品等著作权人与妙趣公司、蓝港公司签订《合作开发运营协议》，同意其将《十万个冷笑话》改编为手机游戏进行独家代理运营。

上海美术电影制片厂认为，《十万个冷笑话》和《十万个冷笑话番剧版》手游中的大娃、二娃、三娃、四娃、五娃、七娃动漫形象侵害了其葫芦娃动漫形象的改编权和信息网络传播权。四家公司共同开发运营的涉案游戏对上海美术电影制片厂构成著作权侵权，故此上海美术电影制片厂将该四家公司诉至法院，请求判令四家公司立即停止侵权行为，刊登声明，消除影响，赔偿上海美术电影制片厂经济损失 500 万元。

案例二：

为有效防控疫情传播，北京市教委于 2020 年 1 月 26 日发布公告，要求暂停全市各类校外培训机构所有线下课程和集体活动，恢复时间将根据本市疫情防控工作情况另行通知。2 月 3 日，朝阳区市场监管局接朝阳区教委通报，反映××国际教育咨询（北京）有限公司在疫情防控期间违反停课要求，擅自开展线下培训。朝阳区市场监管局会同区教委开展调查。经查，该教育培训机构于 2020 年 1 月 17 日接收 72 名外地来京高中生，向其提供绘画培训服务。于 1 月 29 日组织 72 名学生及 10 名老师在经营场所内进行绘画练习及培训，直至 2020 年 2 月 1 日被相关部门叫停，共计培训 4 日。其行为涉嫌违反了《传染病防治法》第 42 条关于传染病暴发、流行时停课的规定，存在危害社会公共利益风险，影响恶劣。市场监管局依据《公司法》第 213 条“利用公司名义从事危害国家安全、社会公共利益的严重违法行为的，吊销营业执照”的规定，对该机构处以吊销营业执照的处罚。

案例三：

自2021年3月开始，黄某在未经“hp”“canon”注册商标权利人合法授权的情况下，委托罗某等人生产假冒“hp”“canon”注册商标标识的包装盒、说明书、标签。罗某在未经合法授权的情况下，非法委托昌信公司的法定代表人陆某进行上述假冒“hp”“canon”注册商标标识的包装盒、说明书、标签的生产印刷。陆某委托肖某等人非法印刷假冒的含“hp”“canon”注册商标标识的包装盒彩纸、说明书、标签等，然后在昌信公司生产假冒“hp”“canon”注册商标标识的包装盒半成品，组织曾某等人在佛山市某区某房内对包装盒半成品等进行非法的加工生产，然后将加工生产好的上述包装盒、说明书、标签交给罗某。2024年3月15日，公安机关查获该非法加工厂时，从加工厂内扣押涉案假冒上述两种注册商标的包装盒124 900个、说明书218 900份、标签573 900张、包装盒半成品5 800个。

黄某与杨某商量后，由杨某向其提供客户所需“hp”“canon”品牌包装盒的型号和数量，两人将上述产品销售至广州等地。至2024年3月15日被抓时为止，黄某、杨某共销售约价值50万元人民币的上述包装盒、说明书、标签。

另查明，“hp”“canon”商标均已在我国商标局注册，有效期均自2019年至2029年。

实训步骤：

1. 小组讨论：

（1）案例一中上海美术电影制片厂要求四家公司承担的是何种法律责任？

（2）案例二中的教育培训机构承担的是什么法律责任？

（3）案例三所涉人员可能要承担什么法律责任？

2. 请梳理小组成员的观点，进行分享。

项目三 解决经济纠纷的途径

任务一 运用仲裁解决经济纠纷

基本知识

当市场主体之间因为经济权利和经济义务的矛盾而引起权益争议时，可以采用仲裁、民事诉讼、行政复议和行政诉讼等途径去解决。

哪些经济纠纷可以申请仲裁?

一、仲裁概述

仲裁是指由经济纠纷的各方当事人共同选定仲裁机构，对纠纷依法定程序作出具有约束力的仲裁裁决的活动。

（一）仲裁法的适用范围

《中华人民共和国仲裁法》（以下简称《仲裁法》）的仲裁适用范围是平等主体的公民、法人和其他组织之间发生的合同纠纷和其他财产权益纠纷。

但下列纠纷不能仲裁：

（1）婚姻、收养、监护、扶养、继承纠纷。

（2）依法应当由行政机关处理的行政争议。

另外，由于劳动争议和农村集体经济组织内部的农业承包合同纠纷不同于一般的经济纠纷，有其自己的特点。因此，劳动争议和农村集体经济组织内部的农业承包合同纠纷的仲裁不属于《仲裁法》所规定的仲裁范围，由《中华人民共和国劳动争议调解仲裁法》和《中华人民共和国农村土地承包经营纠纷调解仲裁法》调整。

（二）仲裁的基本原则

仲裁的基本原则是指仲裁机关在解决经济纠纷过程中和在仲裁程序的主要阶段起指导性作用的准则。

1. 自愿原则

自愿原则是仲裁制度中的基本原则，它是仲裁制度赖以存在与发展的基石，主要体现在以下几个环节：

（1）以仲裁的方式解决纠纷，出于当事人双方的共同意愿。仲裁机构受理案件来源于当事人双方的共同授权，仲裁机构不能受理没有书面仲裁协议（含仲裁条款）的仲裁申请。

（2）向哪个仲裁机构提请仲裁，由当事人双方协商选定。当事人在选择、约定仲裁机构时，不因当事人所在地、纠纷发生地所在何处而受到地域管辖的限制；也不因争议标的额的大小、案件的复杂程度如何而受到级别管辖的制约。

（3）组成仲裁庭的仲裁员由当事人在仲裁员名册中自主选定，也可以委托仲裁委员会主任代为指定，仲裁庭的组成形式也可以由当事人约定。

（4）当事人可以约定交由仲裁解决的争议事项，即当事人将哪些纠纷交付仲裁，可以由当事人自主协商确定。当事人既可以约定把因履行合同所产生的所有争议均交由仲裁机构裁决，也可以约定将某项或某几项争议交付仲裁机构。对于仲裁机构来说，也应当尊重当事人的选择，对当事人在协议中没有交由自己处理的争议，则不能主动审理和裁决。

（5）在开庭和裁决的程序中，当事人还可以约定审理方式、开庭形式等有关的程序事项。

2. 仲裁独立原则

仲裁独立，指的是从仲裁机构的设置到仲裁纠纷的解决整个过程，都具有依法的独立性。这主要表现在以下几个方面：

（1）仲裁与行政机构脱钩。即仲裁委员会独立于行政机关，与行政机关没有隶属关系。这有利于仲裁真正做到具有公正性、权威性。

（2）仲裁委员会相互之间是独立的。仲裁委员会是按地域分别设立的，相互之间无上下级之分，无隶属关系。

（3）仲裁庭对案件独立审理和裁决。《仲裁法》第 8 条规定："仲裁依法独立进行，不受行政机关、社会团体和个人的干涉。"

3. 一裁终局制原则

裁决作出后，当事人就同一纠纷再申请仲裁或者向人民法院起诉的，仲裁委员会或者人民法院不予受理。

4. 根据事实、符合法律规定、公平合理解决纠纷的原则

根据事实，即在仲裁审理过程中，要全面、深入、客观地查清与纠纷有关的事实情况，包括纠纷的发生原因、发展过程、现实状况以及争议各方的争执所在。

符合法律规定，即仲裁庭在查清事实的基础上，应当根据法律的有关规定确认当事人各方的权利与义务，确定承担赔偿责任的方式以及赔偿数额的大小。

公平合理，即仲裁庭在仲裁纠纷时应当公平、公正、不偏不倚。如果在仲裁中所适用的法律对有关争议的处理未作明确规定时，可以参照采用在经济贸易活动中被人们普遍接受的做法，即经济贸易惯例或者行业惯例来判别责任。

任务实训

张某于 2023 年年初购买了某房地产公司"温馨家园"小区的两室一厅住宅一套，价格 495 万元。张某按约定缴纳了购房款后发现房地产公司未能按照约定办妥房产证、土地使用证等相关售房手续，遂要求退房，同时要求房地产公司赔偿因此造成的损失。

房地产公司认为，未能如约办妥相关手续责任不在自己，因而拒绝张某的要求。

张某于是按照购房合同约定（因合同履行发生的争议由本地仲裁机构仲裁）向当地仲裁委员会请求仲裁。房地产公司接到仲裁委员会的通知后，认为张某的请求超出了原合同约定的仲裁范围，遂拒绝出庭参与仲裁。

实训步骤：

1. 小组讨论：张某的请求是否属于仲裁范围？房地产公司应如何表达自己的不同意见？

2. 请梳理小组成员的观点，进行分享。

二、仲裁委员会

（一）仲裁委员会的设立

我国《仲裁法》第 10 条规定，仲裁委员会可以在直辖市和省、自治区人民政府所在地的市设立，也可以根据需要在其他设区的市设立，不按行政区划层层设立。

设立仲裁委员会，应当经省、自治区、直辖市的司法行政部门登记。

（二）仲裁委员会应具备的条件

仲裁委员会应具备以下几个条件：

（1）有自己的名称、住所和章程。

（2）有必要的财产。

（3）有该委员会的组成人员。仲裁委员会由主任 1 人、副主任 2～4 人和委员 7～11 人组成。仲裁委员会的主任、副主任和委员由法律、经济贸易专家和有实际工作经验的人员担任。仲裁委员会的组成人员中，法律、经济贸易专家不得少于 2/3。

（4）有聘任的仲裁员。仲裁委员会应当从公道正派的人员中聘任仲裁员。仲裁员应当符合下列条件之一：通过国家统一法律职业资格考试取得法律职业资格，从事仲裁工作满 8 年的；从事律师工作满 8 年的；曾任法官满 8 年的；从事法律研究、教学工作并具有高级职称的；具有法律知识、从事经济贸易等专业工作并具有高级职称或者具有同等专业水平的。

三、仲裁协议

仲裁协议是指双方当事人自愿把他们之间可能发生或者已经发生的经济纠纷提交仲裁机构裁决的书面约定。仲裁协议应当以书面形式订立，口头达成仲裁的意思表示无效。

仲裁协议有什么法律效力？

仲裁协议包括合同中订立的仲裁条款和以其他书面方式在纠纷发生前或者纠纷发生后达成的请求仲裁的协议。仲裁协议应当具有下列内容：（1）请求仲裁的意思表示；（2）仲裁事项；（3）选定的仲裁委员会。

根据我国《仲裁法》第 17 条的规定，有下列情形之一的，仲裁协议无效：（1）约定的仲裁事项超出法律规定的仲裁范围的；（2）无民事行为能力人或者限制民事行为能力人订立的仲裁协议；（3）一方采取胁迫手段，迫使对方订立仲裁协议的。

仲裁协议一经依法确立，即具有法律约束力。仲裁协议独立存在，合同的变更、解除、终止或者无效，不影响仲裁协议的效力。

当事人对仲裁协议的效力有异议，应当在仲裁庭首次开庭前提出。

任务实训

2023 年 7 月，甲健身房与乙健身器械公司签订了一份买卖合同。合同中的仲裁条款规定："因履行合同发生的争议，由双方协商解决；无法协商解决的，由仲裁机构仲裁。"2023 年 9 月，双方发生争议，甲健身房向其所在地的上海市仲裁委员会递交了仲裁申请书，但乙健身器械公司拒绝答辩。同年 11 月，双方经过协商，重新签订了一份仲裁协议，并商定将此合同争议提交乙健身器械公司所在地的广州仲裁委员会仲裁。事后甲健身房担心广州市仲裁委员会实行地方保护主义，偏袒乙健身器械公司，故未申请仲裁，而是向合同履行地人民法院提起诉讼，且起诉时说明此前两次约定仲裁的情况，人民法院受理此案，并向乙健身器械公司送达了起诉状副本，乙健身器械公司向人民法院提交了答辩状。人民法院经审理判决被告乙健身器械公司败诉，被告不服，理由是双方事先有仲裁协议，法院判决无效。

实训步骤：

1. 小组讨论：

（1）买卖合同中的仲裁条款是否有效？请说明理由。

（2）争议发生后，双方签订的协议是否有效？为什么？

（3）人民法院审理本案是否正确？为什么？

（4）被告乙健身器械公司的上诉理由是否正确？为什么？

2. 请梳理小组成员的观点，进行分享。

四、仲裁程序

仲裁案件的流程如图 1-2 所示。

（一）申请仲裁

当事人申请仲裁应当符合下列条件：

（1）有仲裁协议。

（2）有具体的仲裁请求和事实、理由。

（3）属于仲裁委员会的受理范围。

当事人申请仲裁，应当向仲裁委员会递交仲裁协议、仲裁申请书及副本。仲裁申请书应当载明下列事项：

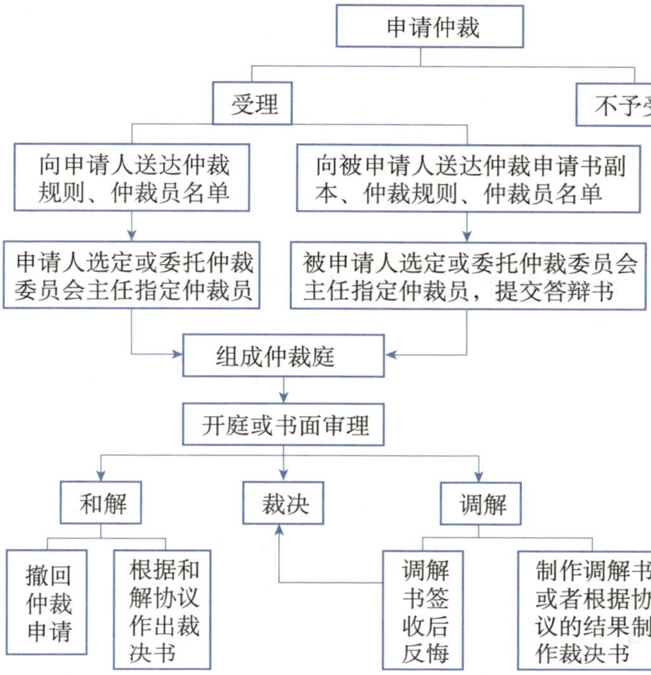

图 1–2　仲裁案件的流程

（1）当事人的姓名、性别、年龄、职业、工作单位和住所，法人或者其他组织的名称、住所和法定代表人或者主要负责人的姓名、职务。

（2）仲裁请求和所根据的事实、理由。

（3）证据和证据来源、证人姓名和住所。

（二）仲裁的受理

仲裁委员会收到仲裁申请书之日起 5 日内，认为符合受理条件的，应当受理，并通知当事人；认为不符合受理条件的，应当书面通知当事人不予受理，并说明理由。

仲裁委员会受理仲裁申请后，应当在仲裁规则规定的期限内将仲裁规则和仲裁员名册送达申请人，并将仲裁申请书副本和仲裁规则、仲裁员名册送达被申请人。被申请人收到仲裁申请书副本后，应当在规定期限内向仲裁委员会提交答辩书。被申请人未提交答辩书的，不影响仲裁程序的进行。

仲裁委员会收到答辩书后，应当在仲裁规则规定的期限内将答辩书副本送达申请人。

（三）组成仲裁庭

仲裁庭可以由 3 名仲裁员或者 1 名仲裁员组成。由 3 名仲裁员组成的，设首席仲裁员。当事人约定由 3 名仲裁员组成仲裁庭的，应当各自选定或者各自委托仲裁委员会主任指定一名仲裁员，第三名仲裁员由当事人共同选定或者共同委托仲裁委员会主任指定。第三名仲裁员是首席仲裁员。

当事人约定由 1 名仲裁员成立仲裁庭的，应当由当事人共同选定或者共同委托仲裁委员会主任指定仲裁员。

仲裁员有下列情形之一的，必须回避，当事人也有权提出回避申请：

（1）是本案当事人或者当事人、代理人的近亲属。

（2）与本案有利害关系。

（3）与本案当事人、代理人有其他关系，可能影响公正仲裁的。

（4）私自会见当事人、代理人，或者接受当事人、代理人的请客送礼的。

当事人提出回避申请，应当说明理由，在首次开庭前提出。回避事由在首次开庭后知道的，可以在最后一次开庭终结前提出。仲裁员是否回避，由仲裁委员会主任决定。

（四）开庭

仲裁应当开庭进行。仲裁委员会应当在仲裁规则规定的期限内将开庭日期通知双方当事人。当事人协议不开庭的，仲裁庭可以根据仲裁申请书、答辩书以及其他材料作出裁决。

仲裁不公开进行。当事人协议公开的，可以公开进行，但涉及国家秘密的除外。

申请人经书面通知，无正当理由不到庭或者未经仲裁庭许可中途退庭的，可以视为撤回仲裁申请。被申请人经书面通知，无正当理由不到庭或者未经仲裁庭许可中途退庭的，可以缺席裁决。

当事人应当对自己的主张提供证据。仲裁庭认为有必要收集的证据，可以自行收集。仲裁庭对专门性问题认为需要鉴定的，可以交由当事人约定的鉴定部门鉴定，也可以由仲裁庭指定的鉴定部门鉴定。

证据应当在开庭时出示，当事人可以质证。在证据可能灭失或者以后难以取得的情况下，当事人可以申请证据保全。当事人申请证据保全的，仲裁委员会应当将当事人的申请提交证据所在地的基层人民法院。

（五）裁决

当事人申请仲裁后，可以自行和解。达成和解协议的，可以请求仲裁庭根据和解协议作出裁决书，也可以撤回仲裁申请。当事人达成和解协议，撤回仲裁申请后反悔的，可以根据仲裁协议申请仲裁。

仲裁庭在作出裁决前，可以先行调解。当事人自愿调解的，仲裁庭应当调解。调解不成的，应当及时作出裁决。调解达成协议的，仲裁庭应当制作调解书或者根据协议的结果制作裁决书。调解书与裁决书具有同等法律效力。调解书经双方当事人签收后，即发生法律效力。在调解书签收前当事人反悔的，仲裁庭应当及时作出裁决。

裁决应当按照多数仲裁员的意见作出，少数仲裁员的不同意见可以记入笔录。仲裁庭不能形成多数意见时，裁决应当按照首席仲裁员的意见作出。裁决书自作出之日起发生法律效力。

（六）仲裁裁决的执行

仲裁裁决作出后，当事人最关心的是裁决的执行问题。一般情况下，当事人应当履行裁决。一方当事人不履行的，另一方当事人可以依照民事诉讼法的有关规定向人民法院申请执行。这是因为仲裁庭本身没有强制执行裁决的权力。一方当事人申请执行裁决，另一方当事人申请撤销裁决的，人民法院应当裁定中止执行。

任务实训

甲超市与乙鞋厂签订了运动鞋购销合同，合同规定10月10日交货。双方在合同签订后又补签了一份仲裁协议。协议约定，如果双方就合同发生争议，任何一方有权向当地的仲裁机构提请仲裁。后来合同履行中由于甲超市迟迟不能支付货款，双方发生纠纷，乙鞋厂向人民法院提起诉讼。开庭前，甲超市向法院提交了仲裁协议，请求法院驳回乙鞋厂的起诉。

实训步骤：

1. 小组讨论：

（1）法院应否驳回乙鞋厂的起诉？为什么？

（2）什么是仲裁？当事人的哪些争议可以仲裁？

2. 请梳理小组成员的观点，进行分享。

任务二　运用民事诉讼解决经济纠纷

基本知识

诉讼是指国家审判机关即人民法院，依照法律规定，在当事人和其他诉讼参与人的参加下，依法解决讼争的活动。

关于打官司，你应该知道的事

一、民事诉讼的管辖

民事诉讼的管辖是指上下级人民法院之间以及同级人民法院之间受理第一审经济纠纷案件的权限和分工。民事诉讼中的管辖有级别管辖、地域管辖、移送管辖和指定管辖四种。

（一）级别管辖

基层人民法院管辖第一审民事案件，但另有规定的除外。我国《民事诉讼法》第19条规定，中级人民法院管辖下列第一审民事案件：重大涉外案件；在本辖区有重大影响的案件；最高人民法院确定由中级人民法院管辖的案件。

我国《民事诉讼法》第 20 条和第 21 条规定，高级人民法院管辖在本辖区有重大影响的第一审民事案件。最高人民法院管辖下列第一审民事案件：在全国有重大影响的案件；认为应当由本院审理的案件。

（二）地域管辖

地域管辖，是指同级法院之间在各自辖区范围内受理第一审民事案件的分工和权限。地域管辖是在级别管辖基础上，从横的方面来确定案件由哪个法院来受理。

1. 一般地域管辖

民事案件的一般地域管辖通常实行原告就被告原则，即由被告住所地人民法院管辖。

2. 特殊地域管辖

下列民事诉讼，由原告住所地人民法院管辖；原告住所地与经常居住地不一致的，由原告经常居住地人民法院管辖：

（1）对不在中华人民共和国领域内居住的人提起的有关身份关系的诉讼。

（2）对下落不明或者宣告失踪的人提起的有关身份关系的诉讼。

（3）对被采取强制性教育措施的人提起的诉讼。

（4）对被监禁的人提起的诉讼。

因合同纠纷提起的诉讼，由被告住所地或者合同履行地人民法院管辖。同时，根据 2015 年实施的《最高人民法院关于适用中华人民共和国〈民事诉讼法〉的解释》第 20 条的规定，以信息网络方式订立的买卖合同，通过信息网络交付标的的，以买受人住所地为合同履行地；通过其他方式交付标的的，收货地为合同履行地。合同对履行地有约定的，从其约定。据此可知，除买卖双方另有约定外，无论货物是否“包邮”，网络购物的消费者可以根据情况选择被告住所地、合同履行地（买方住所地或者是收货地）的法院起诉。

因保险合同纠纷提起的诉讼，由被告住所地或者保险标的物所在地人民法院管辖。

因票据纠纷提起的诉讼，由票据支付地或者被告住所地人民法院管辖。

因公司设立、确认股东资格、分配利润、解散等纠纷提起的诉讼，由公司住所地人民法院管辖。

因铁路、公路、水上、航空运输和联合运输合同纠纷提起的诉讼，由运输始发地、目的地或者被告住所地人民法院管辖。

因侵权行为提起的诉讼，由侵权行为地或者被告住所地人民法院管辖。

因铁路、公路、水上和航空事故请求损害赔偿提起的诉讼，由事故发生地或者车辆、船舶最先到达地、航空器最先降落地或者被告住所地人民法院管辖。

因船舶碰撞或者其他海事损害事故请求损害赔偿提起的诉讼，由碰撞发生地、碰撞船舶最先到达地、加害船舶被扣留地或者被告住所地人民法院管辖。

因海难救助费用提起的诉讼，由救助地或者被救助船舶最先到达地人民法院管辖。

因共同海损提起的诉讼，由船舶最先到达地、共同海损理算地或者航程终止地的人民法院管辖。

3. 专属管辖

我国《民事诉讼法》第 34 条规定："下列案件，由本条规定的人民法院专属管辖：（一）因不动产纠纷提起的诉讼，由不动产所在地人民法院管辖；（二）因港口作业中发生纠纷提起的诉讼，由港口所在地人民法院管辖；（三）因继承遗产纠纷提起的诉讼，由被继承人死亡时住所地或者主要遗产所在地人民法院管辖。"

4. 协议管辖

合同或者其他财产权益纠纷的当事人可以书面协议选择被告住所地、合同履行地、合同签订地、原告住所地、标的物所在地等与争议有实际联系的地点的人民法院管辖，但不得违反我国《民事诉讼法》对级别管辖和专属管辖的规定。

5. 共同管辖

两个以上人民法院都有管辖权的诉讼，原告可以向其中一个人民法院起诉；原告向两个以上有管辖权的人民法院起诉的，由最先立案的人民法院管辖。

（三）移送管辖和指定管辖

人民法院发现受理的案件不属于本院管辖的，应当移送有管辖权的人民法院，受移送的人民法院应当受理。受移送的人民法院认为受移送的案件依照规定不属于本院管辖的，应当报请上级人民法院指定管辖，不得再自行移送。

有管辖权的人民法院由于特殊原因，不能行使管辖权的，由上级人民法院指定管辖。人民法院之间因管辖权发生争议，由争议双方协商解决；协商解决不了的，报请它们的共同上级人民法院指定管辖。

二、民事审判的程序

审理程序是人民法院审理案件适用的程序，可以分为一审程序、二审程序和审判监督程序。民事诉讼程序如图 1–3 所示。

（一）一审程序

一审程序包括普通程序和简易程序。普通程序中，由审判员、人民陪审员共同组成合议庭或者由审判员组成合议庭。适用简易程序审理的民事案件，由审判员一人独任审理。

1. 起诉和受理

起诉是公民、法人或其他组织和认为自己的权益受到侵害或者与他人发生争议时，以自己的名义依法请求人民法院保护其合法权益的诉讼行为。起诉必须符合下列条件：第一，原告必须是与本案有直接利害关系的公民、法人和其他组织；第二，有明确的被告；第三，有具体的诉讼请求和事实、理由；第四，属于人民法院受理民事诉讼的范围和受诉

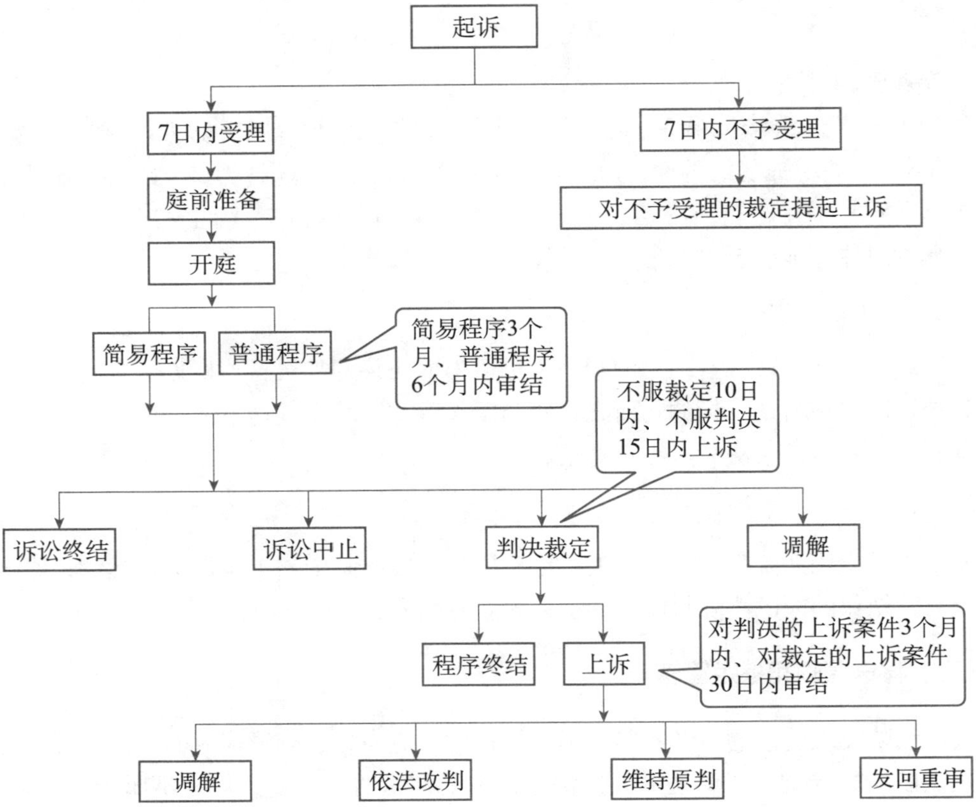

图 1–3　民事诉讼程序

人民法院管辖。

起诉应当向人民法院提交起诉状，并按照被告人数提出副本。

起诉状应当记明下列事项：当事人的姓名、性别、年龄、民族、职业、工作单位、住所、联系方式，法人或者其他组织的名称、住所和法定代表人或者主要负责人的姓名、职务、联系方式；诉讼请求和所根据的事实和理由；证据和证据来源，证人姓名和住所。

人民法院收到起诉状，经审查，认为符合起诉条件的，应当在 7 日内立案并通知当事人。认为不符合起诉条件的，应当在 7 日内裁定不予受理。原告对裁定不服的，可以提起上诉。

2. 审理前的准备

人民法院在审理前，应做好以下准备工作：在立案之日起 5 日内将起诉状副本发送被告，并限其在收到之日起 15 日内提出答辩状。人民法院受理案件后，当事人对管辖权有异议的，应当在提交答辩状期间提出。

人民法院对决定受理的案件，应当在受理案件通知书和应诉通知书中向当事人告知有关的诉讼权利义务，或者口头告知。

审判人员确定后，应当在 3 日内告知当事人。审判人员必须认真审核诉讼材料，调查收集必要的证据；人民法院在必要时可以委托外地人民法院调查。

我国《民事诉讼法》第 136 条规定，人民法院对受理的案件，分别情形，予以处理：当事人没有争议，符合督促程序规定条件的，可以转入督促程序；开庭前可以调解的，采取调解方式及时解决纠纷；根据案件情况，确定适用简易程序或者普通程序；需要开庭审理的，通过要求当事人交换证据等方式，明确争议焦点。

3. 开庭审理

人民法院审理民事案件，除涉及国家秘密、个人隐私或者法律另有规定的以外，应当公开进行。

（1）法庭调查。法庭调查，是在法庭上出示与案件有关的全部证据，对案件事实进行全面调查并由当事人进行质证的程序。

（2）法庭辩论。法庭辩论，是当事人及其诉讼代理人在法庭上行使辩论权，针对有争议的事实和法律问题进行辩论的程序。

书记员应当将法庭审理的全部活动记入笔录，由审判人员和书记员签名。

（3）宣判。人民法院对公开审理或者不公开审理的案件，一律公开宣告判决。宣告判决时，必须告知当事人上诉权利、上诉期限和上诉的法院。

（二）第二审程序

第二审程序，是指民事诉讼当事人不服地方各级人民法院尚未生效的第一审判决或裁定，在法定上诉期间内，向上一级人民法院提起上诉而引起的诉讼程序。

由于我国实行两审终审制，上诉案件经二审法院审理后作出的判决、裁定为终审的判决、裁定，诉讼程序即告终结。

1. 上诉期间

当事人不服地方人民法院第一审判决的，有权在判决书送达之日起 15 日内向上一级人民法院提起上诉；不服地方人民法院第一审裁定的，有权在裁定书送达之日起 10 日内向上一级人民法院提起上诉。

2. 上诉状

当事人提起上诉，应当递交上诉状。上诉状应当通过原审人民法院提出，并按照对方当事人或者代表人的人数提出副本。

3. 第二审法院对上诉案件的处理

我国《民事诉讼法》第 177 条规定，第二审人民法院对上诉案件，经过审理，按照下列情形，分别处理：

（1）原判决、裁定认定事实清楚，适用法律正确的，以判决、裁定方式驳回上诉，维持原判决、裁定。

（2）原判决、裁定认定事实错误或者适用法律错误的，以判决、裁定方式依法改判、撤销或者变更。

（3）原判决认定基本事实不清的，裁定撤销原判决，发回原审人民法院重审，或者查清事实后改判。

（4）原判决遗漏当事人或者违法缺席判决等严重违反法定程序的，裁定撤销原判决，发回原审人民法院重审。

原审人民法院对发回重审的案件作出判决后，当事人提起上诉的，第二审人民法院不得再次发回重审。

第二审人民法院的判决、裁定，是终审的判决、裁定。

（三）审判监督程序

审判监督程序即再审程序，是指由有审判监督权的法定机关和人员提起，或由当事人申请，由人民法院对发生法律效力的判决、裁定、调解书再次审理的程序。

1. 人民法院提起再审

人民法院提起再审，必须是已经发生法律效力的判决、裁定、调解书确有错误。其程序为：各级人民法院院长对本院已经发生法律效力的判决、裁定、调解书，发现确有错误，认为需要再审的，应当提交审判委员会讨论决定。最高人民法院对地方各级人民法院已经发生法律效力的判决、裁定、调解书，上级人民法院对下级人民法院已经发生法律效力的判决、裁定、调解书，发现确有错误的，有权提审或者指令下级人民法院再审。

2. 当事人申请再审

当事人对已经发生法律效力的判决、裁定，认为有错误的，可以向上一级人民法院申请再审；当事人一方人数众多或者当事人双方为公民的案件，也可以向原审人民法院申请再审。当事人申请再审的，不停止判决、裁定的执行。

3. 人民检察院提出抗诉

抗诉是指人民检察院对人民法院发生法律效力的判决、裁定，发现有提起抗诉的法定情形，提请人民法院对案件重新审理。

最高人民检察院对各级人民法院已经发生法律效力的判决、裁定，上级人民检察院对下级人民法院已经发生法律效力的判决、裁定，发现有符合人民法院提起再审情形之一的，或者发现调解书损害国家利益、社会公共利益的，应当提出抗诉。

人民检察院提出抗诉的案件，接受抗诉的人民法院应当自收到抗诉书之日起 30 日内作出再审的裁定。

任务实训

市机械加工公司（位于 A 市甲区）与市机电公司（位于 A 市乙区）签订了一份购销合同，约定市机械加工公司为市机电公司生产一套设备，设备款为 500 万元。2021 年 10 月 30 日，市机械加工公司按期交货，经设备质量检验，符合合同约定的标准，市机电公司支付了 350 万元设备款，其余 150 万元未付。市机械加工公司多次索要该笔货款，但市机电公司拒绝支付。后市机电公司与市电子公司（位于 A 市丙区）合并成立市电子机电公司（位于 A 市乙区），于是市机械加工公司又向市电子机电公司索要拖欠的设备款，遭拒绝。

实训步骤：

1. 根据所给案情资料，小组讨论以下问题：

（1）2022 年 4 月，市机械加工公司向乙区人民法院提起诉讼，乙区人民法院依法受理后，市电子机电公司又向甲区人民法院提起诉讼。乙区人民法院和甲区人民法院对本案是否有管辖权？甲区人民法院对于市电子机电公司的起诉应当如何处理？

（2）一审人民法院宣判后，市电子机电公司向 A 市中级人民法院提出上诉，并提出在市机械加工公司为其加工机电设备的过程中，曾借用价值 30 万元的原材料，应在其应支付的设备款中予以扣除。市电子机电公司提出的这一请求能否形成反诉？二审法院应当如何处理？

2. 请梳理小组成员的观点，进行分享。

任务三　解决不平等主体之间的经济纠纷

基本知识

一、行政复议

行政复议是指公民、法人或者其他组织不服行政主体作出的具体行政行为，认为具体行政行为侵犯了其合法权益，依法向具有法定权限的行政机关申请复议，由复议机关依法对被申请行政行为合法性和合理性进行审查，并作出行政复议决定的行政行为。行政复议制度对于监督和维护行政主体依法行使行政职权，强化行政执法监督机制和能力建设等均具有重要的意义和作用。

民告官，难吗？

（一）行政复议适用范围

《中华人民共和国行政复议法》（以下简称《行政复议法》）第 11 条规定，有下列情形之一的，公民、法人或者其他组织可以依照该法申请行政复议：

（1）对行政机关作出的行政处罚决定不服。

（2）对行政机关作出的行政强制措施、行政强制执行决定不服。

（3）申请行政许可，行政机关拒绝或者在法定期限内不予答复，或者对行政机关作出的有关行政许可的其他决定不服。

（4）对行政机关作出的确认自然资源的所有权或者使用权的决定不服。

（5）对行政机关作出的征收征用决定及其补偿决定不服。

（6）对行政机关作出的赔偿决定或者不予赔偿决定不服。

（7）对行政机关作出的不予受理工伤认定申请的决定或者工伤认定结论不服。

（8）认为行政机关侵犯其经营自主权或者农村土地承包经营权、农村土地经营权。

（9）认为行政机关滥用行政权力排除或者限制竞争。

（10）认为行政机关违法集资、摊派费用或者违法要求履行其他义务。

（11）申请行政机关履行保护人身权利、财产权利、受教育权利等合法权益的法定职责，行政机关拒绝履行、未依法履行或者不予答复。

（12）申请行政机关依法给付抚恤金、社会保险待遇或者最低生活保障等社会保障，行政机关没有依法给付。

（13）认为行政机关不依法订立、不依法履行、未按照约定履行或者违法变更、解除政府特许经营协议、土地房屋征收补偿协议等行政协议。

（14）认为行政机关在政府信息公开工作中侵犯其合法权益。

（15）认为行政机关的其他行政行为侵犯其合法权益。

公民、法人或者其他组织认为行政行为侵犯其合法权益的，可以自知道或者应当知道该行政行为之日起 60 日内提出行政复议申请；因不可抗力或者其他正当理由耽误法定申请期限的，申请期限自障碍消除之日起继续计算。

行政复议机关的确定如表 1–2 所示。

表 1–2　行政复议机关的确定

	具体行为的作出部门	行政复议机关
条块管辖	县级以上政府部门	本级人民政府、上级主管机关
条条管辖	海关、金融、外汇管理、税务、国家安全机关等	上一级主管部门
自我管辖	国务院部门	国务院部门
	省、自治区、直辖市人民政府	省、自治区、直辖市人民政府

（二）行政复议受理

行政复议机关收到行政复议申请后，应当在 5 日内进行审查。对不符合我国《行政复议法》相关规定的，行政复议机关应当在审查期限内决定不予受理并说明理由；不属于本机关管辖的，还应当在不予受理决定中告知申请人有管辖权的行政复议机关。

（三）行政复议审理

行政复议机关受理行政复议申请后，适用普通程序或者简易程序进行审理。

适用普通程序审理的行政复议案件，行政复议机构应当当面或者通过互联网、电话等方式听取当事人的意见，并将听取的意见记录在案。因当事人原因不能听取意见的，可以书面审理。适用简易程序审理的行政复议案件，可以书面审理。

（四）行政复议决定

行政复议决定是指行政复议机关通过复议审理，在查明事实的基础上，依照法律、法规和规章以及其他规范性文件，对有争议的具体行政行为是否合法、适当作出的判断和处理。行政复议决定有以下几种类型：

（1）维持行政行为：行政行为事实清楚，证据确凿，适用依据正确，程序合法，内容适当的。

（2）变更行政行为：事实清楚，证据确凿，适用依据正确，程序合法，但是内容不适当；事实清楚，证据确凿，程序合法，但是未正确适用依据；事实不清、证据不足，经行政复议机关查清事实和证据。

（3）撤销或者部分撤销行政行为，并可以责令被申请人在一定期限内重新作出行政行为：主要事实不清、证据不足；违反法定程序；适用的依据不合法；超越职权或者滥用职权。

（4）不撤销该行政行为，但是确认行政行为违法：依法应予撤销，但是撤销会给国家利益、社会公共利益造成重大损害；程序轻微违法，但是对申请人权利不产生实际影响。

（5）驳回申请人的行政复议请求：申请人认为被申请人不履行法定职责，提起行政复议申请后，发现被申请人没有相应法定职责或者在受理前已经履行法定职责的。

行政复议机关作出行政复议决定，应当制作行政复议决定书，并加盖行政复议机关印章。行政复议决定书一经送达，即发生法律效力。

任务实训

2020 年 3 月 17 日，A 市市场监督管理局接到消费者张某举报，称其在某海鲜坊吃夜宵时挨宰。经查，某海鲜坊让出租车司机将客人载到店内消费，并将客人消费金额 30%的提成返还给出租车司机。自 2018 年 1 月 1 日以来，共有 1 348

台出租车拉客至店内消费，营业额共计 1 021 万元，某海鲜坊返点给出租车司机的款项共计 306 万元；同时查明，某海鲜坊将其店内销售的本地俗称“大海白”的普通贝类水产品的名称虚假标注为“黄金螺”，将无法证明来源于万宁东山岭地区的羊肉虚假标注为“东山羊”，用冰冻海鲜调换客人所点的鲜活海鲜。

A 市市场监督管理局认为，某海鲜坊的行为违反了《反不正当竞争法》的相关规定，存在商业贿赂和虚假宣传欺诈消费者的行为，于 2020 年 4 月 18 日作出行政处罚决定书，对其处以没收违法所得 306 万元，罚款 20 万元。

实训步骤：

1. 根据所给案情资料，小组讨论以下问题：

（1）某海鲜坊不服行政处罚决定，拟申请行政复议，应当在多长时间内向哪些机关申请？

（2）如何认定某海鲜坊的违法行为为商业贿赂及虚假宣传的行为？

2. 请梳理小组成员的观点，进行分享。

二、行政诉讼

行政诉讼是指公民、法人或者其他组织认为行使国家行政权的机关和组织及其工作人员所实施的具体行政行为侵犯了其合法权益，依法向人民法院起诉，人民法院在当事人及其他诉讼参与人的参加下，依法对被诉具体行政行为进行审查并作出裁判，从而解决行政争议的制度。

（一）行政诉讼的管辖

1. 级别管辖

基层人民法院管辖第一审行政案件。

中级人民法院管辖下列第一审行政案件：

（1）对国务院部门或者县级以上地方人民政府所作的行政行为提起诉讼的案件。

（2）海关处理的案件。

（3）本辖区内重大、复杂的案件。

（4）其他法律规定由中级人民法院管辖的案件。

高级人民法院管辖本辖区内重大、复杂的第一审行政案件。

最高人民法院管辖全国范围内重大、复杂的第一审行政案件。

2. 地域管辖

行政案件由最初作出行政行为的行政机关所在地人民法院管辖。经复议的案件，也可以由复议机关所在地人民法院管辖。

对限制人身自由的行政强制措施不服提起的诉讼，由被告所在地或者原告所在地人民法院管辖。

因不动产提起的行政诉讼，由不动产所在地人民法院管辖。

两个以上人民法院都有管辖权的案件，原告可以选择其中一个人民法院提起诉讼。原告向两个以上有管辖权的人民法院提起诉讼的，由最先立案的人民法院管辖。

人民法院发现受理的案件不属于本院管辖的，应当移送有管辖权的人民法院，受移送的人民法院应当受理。受移送的人民法院认为受移送的案件按照规定不属于本院管辖的，应当报请上级人民法院指定管辖，不得再自行移送。

人民法院对管辖权发生争议，由争议双方协商解决。协商不成的，报争议双方的共同上级人民法院指定管辖。

（二）起诉和受理

对属于人民法院受案范围的行政案件，公民、法人或者其他组织可以先向行政机关申请复议，对复议决定不服的，再向人民法院提起诉讼；也可以直接向人民法院提起诉讼。法律、法规规定应当先向行政机关申请复议，对复议决定不服再向人民法院提起诉讼的，依照法律、法规的规定。

公民、法人或者其他组织不服复议决定的，可以在收到复议决定书之日起 15 日内向人民法院提起行政诉讼。公民、法人或者其他组织直接向人民法院提起诉讼的，应当自知道或者应当知道作出行政行为之日起 6 个月内提出。法律另有规定的除外。

人民法院在接到起诉状时，对符合《行政诉讼法》规定的起诉条件的，应当登记立案。对当场不能判定是否符合《行政诉讼法》规定的起诉条件的，应当接收起诉状，出具注明收到日期的书面凭证，并在 7 日内决定是否立案。不符合起诉条件的，作出不予立案的裁定。对于不接收起诉状、接收起诉状后不出具书面凭证，以及不一次性告知当事人需要补正的起诉状内容的，当事人可以向上级人民法院投诉，上级人民法院应当责令改正，并对直接负责的主管人员和其他直接责任人员依法给予处分。

（三）审理和判决

人民法院公开审理行政案件，但涉及国家秘密、个人隐私和法律另有规定的除外。涉及商业秘密的案件，当事人申请不公开审理的，可以不公开审理。

当事人认为审判人员、书记员、翻译人员、鉴定人、勘验人与本案有利害关系或者有其他关系可能影响公正审判，有权申请以上人员回避。

人民法院应当在立案之日起 6 个月内作出第一审判决。有特殊情况需要延长的，由高级人民法院批准，高级人民法院审理第一审案件需要延长的，由最高人民法院批准。当事人不服人民法院第一审判决的，有权在判决书送达之日起 15 日内向上一级人民法院提起上诉。当事人不服人民法院第一审裁定的，有权在裁定书送达之日起 10 日内向上一级人民法院提起上诉。逾期不提起上诉的，人民法院的第一审判决或者裁定发生法律效力。

任务实训

甲省环保厅发布《关于加强环境保护管理的规定》，明确规定该省各级环境保护行政管理部门在实施管理的过程中可以采取查封、扣押的强制措施，还可以处以一定数额的罚款。A企业是一家化工企业，A企业所在地乙县环保局根据群众举报，依据《关于加强环境保护管理的规定》对该企业生产的产品进行了扣押，查明A企业在生产中严重污染大气环境，对该企业处以10万元罚款。A企业不服，向乙县人民政府提出行政复议。乙县人民政府认为处罚过轻，对A企业处以20万元的罚款，并维持了扣押的决定。A企业不服，起诉至法院。法院认为虽然处罚明显过重，但是仍在法定的范围之内，法院只审理合法性问题，不审理合理性问题，判决驳回原告的诉讼请求。

实训步骤：

1. 小组讨论：

（1）本案中有哪些行政行为？哪些属于行政诉讼的受案范围？

（2）如何确定本案的被告、级别管辖和起诉期限？请分别说明。

（3）“法院只审理合法性问题，不审理合理性问题”的说法是否正确？为什么？

（4）A企业在向乙县人民政府提出行政复议的过程中能否对《关于加强环境保护管理的规定》提出附带审查的要求？为什么？

2. 请梳理小组成员的观点，进行分享。

知识点睛

本模块是经济法的基础理论部分。法是由国家制定或认可，并以国家强制力保障实施的行为规范的总称，其本质是统治阶级意志的体现。法凭借国家强制力的保证而获得普遍遵行的效力，具有国家强制性。法是确定人们在社会关系中的权利和义务的行为规范，具有利导性。法是明确而普遍适用的规范，具有规范性。经济法是指调整国家在调节社会经济活动过程中所形成的各种社会关系的法律规范的总称。作为一个独立的法律部门，经济法的调整对象包括市场主体管理关系、市场运行调控关系、宏观经济调控关系、劳动和社会保障关系。作为法律关系的一种，经济法律关系有主体、客体和内容三个构成要素，经济法律关系的产生、变更或者终止是由法律事实引起的，包括法律行为和法律事件两大类。解决经济纠纷的途径和主要方式有仲裁、民事诉讼、行政复议和行政诉讼。仲裁与民事诉讼都适用于横向关系经济纠纷的解决，行政复议与行政诉讼方式则是针对纵向关系经济纠纷的解决，都由行政向管理相对人一方提出申请。

学以致用

一、单选题

1. 下列关于各种法律渊源效力层级由高到低的排序中，正确的是（　　）。

A. 宪法、行政法规、部门规章、法律

B. 宪法、法律、行政法规、部门规章

C. 宪法、法律、部门规章、行政法规

D. 宪法、行政法规、法律、部门规章

2. 法律关系的内容是指法律关系主体（　　）。

A. 设立的法律规范

B. 承担的法律责任

C. 承担行为的后果

D. 享有的权利和承担的义务

3. 甲、乙双方签订一份房屋装修合同，由此形成的法律关系客体是（　　）。

A. 被装修的房屋

B. 甲、乙双方应当收付的款项

C. 乙方承揽的装修劳务行为

D. 甲、乙双方分别享有的权利和承担的义务

4. 下列不属于行政处罚的是（　　）。

A. 罚金　　B. 吊销许可证　　C. 警告　　D. 没收违法所得

5. 小凡年满 10 周岁，精神健康，智力正常。他在学校门口的文具店看中一块橡皮，定价 2 元，于是他用自己的零用钱将其买下。下列关于小凡购买橡皮行为效力的表述中，正确的是（　　）。

A. 小凡是无民事行为能力人，其购买橡皮的行为无效

B. 小凡是无民事行为能力人，其购买橡皮的行为须经法定代理人追认方为有效

C. 小凡是限制民事行为能力人，其购买橡皮的行为有效

D. 小凡是限制民事行为能力人，其购买橡皮的行为须经法定代理人追认方为有效

6. 根据《中华人民共和国仲裁法》的规定，下面描述不正确的是（　　）。

A. 当事人对仲裁协议的效力有异议，应当在仲裁庭首次开庭前提出

B. 仲裁实行级别管辖和地域管辖

C. 仲裁应当开庭进行

D. 仲裁庭可以由 3 名仲裁员或者 1 名仲裁员组成

7. 下列不属于民事诉讼审判制度的是（　　）。

A. 合议制度　　B. 公开审判制度

C. 两审终审制度　　D. 一审终局制度

8. 下列仲裁协议中，有效的是（　　）。

A. 甲、乙两公司签订合同，并约定了仲裁条款。后合同双方又签订补充协议，约定“如原合同或补充协议履行发生争议，双方协商解决或向法院起诉解决”

B. 双方当事人在合同中约定：“因本合同履行发生的争议，双方当事人既可向南京仲裁委员会申请仲裁，也可向南京市鼓楼区法院起诉”

C. 甲、乙两公司在双方合同纠纷的诉讼中对法官均不满意，双方商量先撤诉后仲裁。甲公司向法院提出了撤诉申请，法院裁定准许撤诉。此后甲乙两公司签订了仲裁协议，约定将该合同纠纷提交某仲裁委员会仲裁

D. 约定的仲裁事项属于平等主体之间有关人身关系的纠纷

9. 甲企业对乙市场监督管理局对其作出予以罚款的行政处罚行为不服，向丙法院提起行政诉讼。下列关于该案件审理过程的表述中，不符合法律规定的是（　　）。

A. 丙法院组成合议庭，负责对该案件进行审判

B. 丙法院对甲和乙进行调解

C. 丙法院判决变更乙市场监督管理局的行政处罚决定

D. 乙市场监督管理局决定停止执行行政处罚决定

10. 某建筑公司不服某市市场监督管理局对其作出的罚款 2 000 元的处罚决定，申请行政复议，则下列申请的地点与时间中，错误的是（　　）。

A. 向某市政府申请复议

B. 向省市场监督管理局申请复议

C. 自被罚款时起 60 日内

D. 自知道被罚时起 60 日内

二、多选题

1. 以下各项中，可以作为法律关系主体的是（　　）。

A. 财政部　　B. 某合伙企业

C. 公民李某　　D. 某研究院

2. 甲、乙均为完全民事行为能力人，甲、乙之间的下列约定中，能够产生法律上的权利义务的有（　　）。

A. 甲送给乙一部手机　　B. 二人共进晚餐

C. 甲将房屋出租给乙　　D. 二人此生不离不弃

3. 下列各项中，属于法律关系主体的有（　　）。

A. 北京大学　　B. 中华人民共和国最高人民法院

C. 中国人民保险集团股份有限公司　　D. 中国注册会计师协会

4. 下列各项中，属于法律关系客体的有（　　）。

A. 建筑物　　B. 自然人的不作为

C. 人格利益　　D. 有价证券

5. 下列法律事实中，属于法律行为的是（　　）。

A. 甲、乙两公司签订买卖合同

B. 某医院妇产科新出生 3 名婴儿

C. 某地遭受洪涝灾害

D. 甲公司发行股票

6. 下列法律事实中，属于法律事件的是（　　）。

A. 张某死亡

B. 乙借用甲的电脑，以自己的名义将电脑卖给不知情的丙

C. 张某设立了一家公司

D. 火山喷发引发森林大火

7. 我国法的形式主要有宪法、法律、行政法规、地方性法规、行政规章、国际条约等。下列各项中，属于行政法规的有（　　）。

A. 国务院发布的《总会计师条例》

B. 国务院发布的《企业财务会计报告条例》

C. 省级人大常委会发布的地方会计管理条例

D. 财政部发布的《财政部门实施会计监督办法》

8. 公民、法人或者其他组织对行政机关的行政行为不服的，可以申请行政复议，这包括（　　）。

A. 不服行政机关对民事纠纷作出的调解的

B. 不服行政机关作出的行政处罚决定的

C. 不服行政机关作出的限制人身自由的决定的

D. 不服行政机关作出的限制财产流转的强制措施决定的

三、案例分析题

1. 甲行政机关依法委托专门从事政府采购代理业务的乙公司代理采购一批专用设备，并授权乙公司与中标供应商签订采购合同。乙公司在与中标供应商签订采购合同时，双方秘密商定，乙公司在若干合同条款上对中标供应商予以照顾，中标供应商作为答谢提供给乙公司一批办公设备。

问题：乙公司代理签订采购合同的行为是否有效，由此给甲行政机关造成的损失应由谁承担责任？

2. 2022 年 7 月 5 日，宏博建材经营部与桃源大众混凝土公司签订《产品购销合同》，约定：宏博建材经营部向桃源大众混凝土公司供应 SY–KS 型多功能抗侵蚀防腐剂和 SY–R 型防腐蚀阻锈剂。宏博建材经营部应于 2022 年 8 月 5 日前交货，桃源大众混凝土公司应于 2022 年 9 月 1 日前付清全部货款 40 万元，逾期付款违约金按实际总价款的日千分之一计算，合同有争议时由供方所在地人民法院管辖。

问题：宏博建材经营部与桃源大众混凝土公司是否发生了法律关系？如果二者之间发

生了法律关系，那么这一法律关系的主体、客体、内容各是什么？引起这项法律关系发生的法律事实是什么？

3. 某市A县化工有限公司未经批准擅自在本县一河流内设置排污口，排放大量工业废水，造成严重环境污染。A县环保局经过调查，对该化工有限公司作出了停业整顿，并处9万元罚款的处罚决定。对此，该化工有限公司不服，认为处罚太重。

问题：（1）如果该化工有限公司申请行政复议，应该向哪些机关提出？为什么？

（2）如果复议机关作出维持行政处罚决定，该化工有限公司不服，欲提起行政诉讼，则应该由哪个法院管辖？为什么？

能力训练

我国《民法典》已于2021年1月1日起施行，《中华人民共和国民法总则》《中华人民共和国收养法》《中华人民共和国婚姻法》《中华人民共和国继承法》《中华人民共和国担保法》《中华人民共和国合同法》《中华人民共和国物权法》《中华人民共和国侵权责任法》《中华人民共和国民法通则》同时废止。三个学生在争论新法生效后对于过去发生的案件的效力问题。学生甲认为应当按新法处理，学生乙认为应当按旧法处理，学生丙认为如果新法规定更加合理就应该按新法处理。

请谈谈你对这一问题的理解。

模块二　劳动社会保障法

学习目标

◆ 知识目标

- 理解劳动合同法及劳动法所调整的对象
- 掌握劳动合同的主要内容
- 掌握劳动合同的履行、变更及终止
- 掌握劳动合同不同解除情况所对应的不同后果
- 了解并掌握社会保险制度

◆ 能力目标

- 能够对劳动合同的内容是否完备、是否合法作出准确判断
- 能够拟订劳动合同的条款
- 正确行使劳动解除权
- 有能力解决发生的劳动争议，维护自己的劳动权益
- 正确运用社会保险制度维护企业和自身的合法权益

◆ 素质目标

- 树立劳动观念与职业思想，在以后的人力资源管理工作中保障企业及员工的合法权益
- 深刻理解社会保险制度是保障和改善民生、维护社会公平、增进人民福祉的基本制度保障

关键词

劳动关系　劳动合同的内容　劳动合同的变更　劳动合同的解除　工伤保险

学习重点

劳动合同的内容；劳动合同的解除；劳动争议仲裁；工伤保险

学习难点

竞业限制义务；应向劳动者支付经济补偿的情形；工伤保险的认定

导入案例

孙某曾在甲公司工作，试用期满后从事技术工作，2年后跳槽至乙企业成为该企业的业务骨干。后来，甲公司为实施新的公司战略，拟聘请孙某担任公司高管。经协商，双方签订了劳动合同，约定：劳动合同期限为2年，试用期为3个月；合同期满或因其他原因离职后，孙某在3年内不得从事与在甲公司同类的业务工作，甲公司在孙某离职时一次性支付补偿金10万元。

在劳动合同期满前1个月时，孙某因病住院。3个月后孙某痊愈，到公司上班时，公司通知孙某劳动合同已按期终止，病休期间不支付工资，也不再向其支付10万元补偿金。孙某同意公司不支付10万元补偿金，但要求公司延续劳动合同期至其病愈，并支付病休期间的病假工资和离职的经济补偿。甲公司拒绝了孙某的要求，孙某随即进入同一行业的丙公司从事与甲公司业务相竞争的工作。甲公司认为孙某违反了双方在劳动合同中的竞业限制约定，应承担违约责任。已知：孙某实际工作年限12年。

本案例中，甲公司与孙某约定的试用期及竞业限制是否符合法律规定？孙某可以享受的法定医疗期是多长时间？为什么？孙某是否违反了竞业限制规定？甲公司是否应当支付孙某离职的经济补偿？

劳动关系是生产关系的重要组成部分，也是最基本、最重要的社会关系之一。构建和谐劳动关系，是建设社会主义和谐社会的重要基础。劳动关系受到《中华人民共和国劳动法》(以下简称《劳动法》)、《中华人民共和国劳动合同法》(以下简称《劳动合同法》)等劳动法律制度的规范和协调，要回答案例中的问题，需要学习以下法律知识。

项目四　劳动合同法律制度

任务一　了解劳动关系和劳动合同

基本知识

一、劳动关系

劳动关系是指劳动者与用人单位依法签订劳动合同而产生的法律关系。劳动合同是双方之间确定劳动关系，明确双方权利义务的协议。劳动者接受用人单位的管理，从事用人单位安排的工作，成为用人单位的成员，从用人单位领取劳动报酬和受劳动保护。用人单位自用工之日起即与劳动者建立劳动关系。例如，田某到某科技公司面试，并于第二天打卡上班，此时，虽然田某还未签订劳动合同，入职手续也未办理完，但其在开始工作之时便与公司建立了劳动关系。

（一）劳动关系的特征

劳动关系的主体具有特定性，一方是劳动者，另一方是用人单位。

劳动关系的内容具有较强的法定性。为了规范劳动关系及劳动合同，法律规定了较多的强制性规范，当事人签订劳动合同不得违反强制性规定，否则合同无效。

劳动者在签订和履行劳动合同时的地位是不同的，具体如图 2-1 所示。

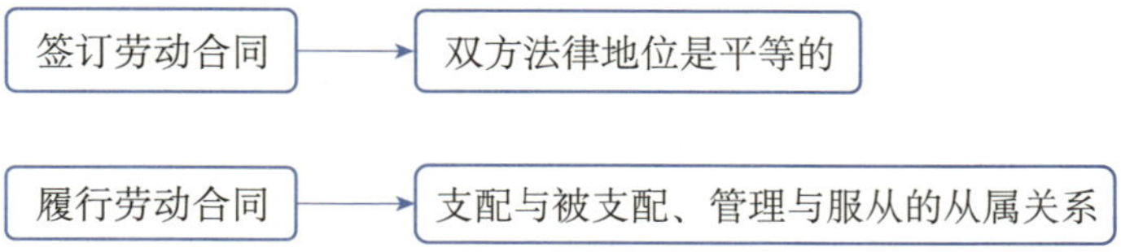

图 2-1　劳动者在签订和履行劳动合同时的地位

（二）《劳动合同法》的适用范围

我国《劳动合同法》的适用范围如图 2-2 所示。

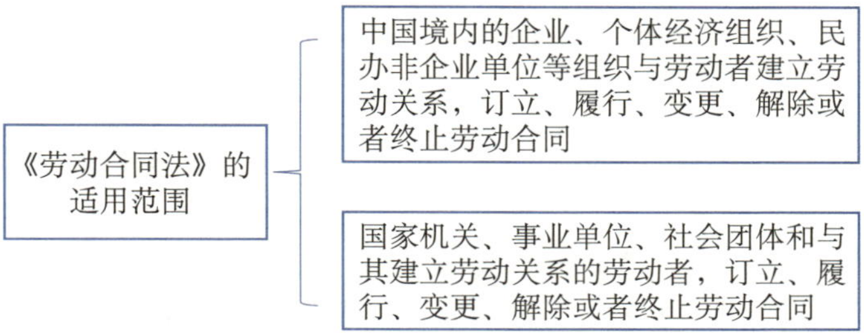

图 2-2 《劳动合同法》的适用范围

二、劳动合同的订立

（一）劳动合同订立的原则

订立劳动合同，应当遵循合法、公平、平等自愿、协商一致、诚实信用的原则。

注意：我国《劳动法》规定了平等就业权，可延伸出如下三层含义：

（1）任何公民都平等地享有就业的权利和资格，不因民族、种族、性别、宗教信仰不同而受歧视。

（2）应聘某一职位时，任何公民都需平等地参与竞争，任何人不得享有特权，也不得对任何人予以歧视。

（3）平等不等于同等，平等是指对于符合要求、符合特殊职位条件的人，应给予他们平等的机会，而不是不论条件如何都同等对待。

（二）劳动合同订立的主体

劳动合同订立主体的资格要求及法定义务如表 2–1 所示。

表 2–1　劳动合同订立主体的资格要求及法定义务

	劳动者	用人单位
资格要求	年满16周岁。文艺、体育和特种工艺单位招用未满 16 周岁的未成年人，必须遵守国家有关规定，并保障其接受义务教育的权利。	有用人权利能力和行为能力，运用劳动力组织生产劳动，且向劳动者支付工资等劳动报酬。
法定义务	用人单位有权了解劳动者与劳动合同直接相关的基本情况，劳动者应当如实说明。	应当如实告知劳动者工作内容、工作条件、工作地点、职业危害、安全生产状况、劳动报酬，以及劳动者要求了解的其他情况。

用人单位违反《劳动合同法》规定，扣押劳动者居民身份证等证件的，由劳动行政部门责令限期退还劳动者本人，并依照有关法律规定给予处罚。

用人单位违反《劳动合同法》规定，以担保或者其他名义向劳动者收取财物的，由劳动行政部门责令限期退还劳动者本人，并以每人 500 元以上 2 000 元以下的标准处以罚款；给劳动者造成损害的，应当承担赔偿责任。

（三）劳动合同订立的形式

1. 书面形式

建立劳动关系，应当签订书面劳动合同。已经建立劳动关系，未及时订立书面劳动合同的，应当自用工之日起 1 个月内订立书面劳动合同。已建立劳动关系未订立劳动合同的法律后果如表 2–2 所示。

未签劳动合同，要支付双倍工资吗？

表 2-2　已建立劳动关系未订立劳动合同的法律后果

期限	未签订后果	工资	经济补偿
用工之日起≤1 个月	劳动者不签 → 终止劳动关系	支付劳动报酬	×
1 个月＜用工之日起＜1 年	单位不签 → 补签合同	支付双倍工资	√
	劳动者不签 → 终止劳动关系		√
用工之日起≥1 年	单位不签，视为已订立无固定期限劳动合同	支付劳动报酬	√

2. 口头形式

非全日制用工的双方当事人可以订立口头协议。非全日制用工以小时计酬为主，劳动者在同一用人单位一般平均每日工作时间不超过 4 小时，每周工作时间累计不超过 24 小时。

注意：非全日制用工的劳动者可以与多个用人单位订立劳动合同，用人单位可以随时终止劳动合同，且不用支付经济补偿。

（四）无效劳动合同

劳动合同由用人单位与劳动者协商一致，并经用人单位与劳动者在劳动合同文本上签字或者盖章生效。劳动合同文本由用人单位和劳动者各执一份。

如果出现以下情形，劳动合同无效或部分无效：

（1）以欺诈、胁迫的手段或者乘人之危，使对方在违背真实意思的情况下订立或者变更劳动合同的。

（2）违反法律、行政法规强制性规定的劳动合同。

（3）用人单位免除自己的法定责任、排除劳动者权利的。

无效劳动合同自始无效，即自签订之日起就没有法律约束力。劳动合同被确认无效，不代表着劳动者无法获得劳动报酬，若劳动者已付出劳动的，用人单位应当参照单位相同或相近岗位劳动者的劳动报酬向劳动者支付劳动报酬。

任务实训

陶某于 2021 年 3 月 3 日进入上海某商贸有限公司从事采购工作，双方未签订劳动合同。陶某入职时与公司口头约定合同期限一年，试用期为两个月。

2021 年 7 月 20 日，公司要求陶某签订书面劳动合同，但陶某认为劳动合同的内容与自己入职时口头约定的不一致，不同意签订。公司告知如不同意签订，将以其拒绝签订为由解雇。陶某仍坚持不签。2021 年 7 月 31 日，公司终止与陶某之间的劳动关系，理由为陶某拒绝签订书面劳动合同。

陶某于 2021 年 8 月 9 日向劳动人事争议仲裁委申请仲裁，要求公司支付 2021 年 4 月 3 日至 2021 年 7 月 31 日未签订劳动合同的双倍工资差额以及支付终止劳动关系的经济补偿金等。仲裁期间，公司称一直要求陶某签订劳动合同而遭到拒绝，不同意陶某的仲裁请求。

实训步骤：

1. 小组讨论：陶某的仲裁请求是否应当得到支持？为什么？
2. 请梳理小组成员的观点，进行分享。

任务二 掌握劳动合同的内容

基本知识

一、劳动合同的必备条款

劳动合同必须具备的条款如图 2-3 所示。

- 劳动合同必备条款
  - 用人单位的名称、住所和法定代表人或者主要负责人
  - 劳动者的姓名、住址和居民身份证或者其他有效身份证件号码
  - 劳动合同期限
  - 工作内容和工作地点
  - 工作时间和休息休假
  - 劳动报酬
  - 社会保险
  - 劳动保护、劳动条件和职业危害防护
  - 法律、法规规定应当纳入劳动合同的其他事项

图 2-3　劳动合同的必备条款

（一）劳动合同期限

按照期限的不同，劳动合同可以分为固定期限劳动合同、无固定期限劳动合同及以完成一定工作任务为期限的劳动合同。固定期限劳动合同，指用人单位及劳动者明确约定合

同终止的时间的合同期限届满，劳动关系终止。无固定期限劳动合同，指用人单位与劳动者约定无确定终止时间的劳动合同。不同期限劳动合同的具体内容如表 2–3 所示。

表 2–3　不同期限劳动合同的具体内容

<table>
<tr><th>种类</th><th colspan="2">具体内容</th></tr>
<tr><td>固定期限劳动合同</td><td colspan="2">用人单位与劳动者明确约定合同终止时间。合同期满，劳动关系终止，如协商一致，续订劳动合同。</td></tr>
<tr><td rowspan="2">无固定期限劳动合同</td><td>应当签订</td><td>（1）劳动者在该用人单位连续工作满 10 年的。
（2）用人单位初次实行劳动合同制度或者国有企业改制重新订立劳动合同时，劳动者在该用人单位连续工作满 10 年且距法定退休年龄不足 10 年的。
（3）连续订立 2 次固定期限劳动合同，且劳动者没有下列法定情形，续订劳动合同的：
①严重违反用人单位的规章制度的；
②严重失职，营私舞弊，给用人单位造成重大损害的；
③劳动者同时与其他用人单位建立劳动关系，对完成本单位的工作任务造成严重影响，或者经用人单位提出，拒不改正的；
④劳动者以欺诈、胁迫或乘人之危，使用人单位在违背真实意思的情况下订立或者变更劳动合同，致使劳动合同无效的；
⑤被依法追究刑事责任的；
⑥劳动者患病或者非因工负伤，在规定的医疗期满后不能从事原工作，也不能从事由用人单位另行安排的工作的；
⑦劳动者不能胜任工作，经过培训或者调整工作岗位，仍不能胜任工作的。</td></tr>
<tr><td>视为签订</td><td>用人单位自用工之日起满一年不与劳动者订立书面劳动合同的，视为用人单位与劳动者已订立无固定期限劳动合同。</td></tr>
<tr><td>以完成一定工作任务为期限的劳动合同</td><td colspan="2">（1）以完成单项工作任务为期限的劳动合同，如开发某个软件。
（2）以项目承包方式完成承包任务的劳动合同，如某房屋的装修、安装某个设备。
（3）因季节原因临时用工的劳动合同，如秋季收获庄稼时临时雇用工人。
（4）其他双方约定的以完成一定工作任务为期限的劳动合同。</td></tr>
</table>

（二）工作时间

工作时间包括标准工时制、不定时工作制和综合计算工时制三种工作制度。后两种可以采取弹性工作时间、调休等适当的工作和休息方式。

1. 标准工时制

法律规定劳动者每日工作时间不超过 8 小时，平均每周工作时间不超过 40 小时。用人单位应当保证劳动者每周至少休息 1 日。用人单位由于生产经营需要，经与工会和劳动者协商后可以延长工作时间，一般每日不得超过 1 小时；因特殊需要延长工作时间的，在保障劳动者身体健康的情况下，延长工作时间每日不得超过 3 小时，每月不得超过 36 小时。

2. 不定时工作制

不定时工作制是指没有固定工作时间限制的工作制度，主要适用于一些因工作性质或工作条件不受标准工作时间限制的工作岗位。例如：企业中的高级管理人员、外勤人员、推销人员、部分值班人员和其他因工作无法按标准工作时间衡量的职工；企业中的长途运输人员、出租汽车司机和铁路、港口、仓库的部分装卸人员以及因工作性质特殊，需机动作业的职工；等等。不定时工作制的实行需要经过劳动行政部门审批且备案，否则发生争议时，仍会被认定为标准工时制。

3. 综合计算工时制

综合计算工时制是以周、月、季、年等为周期，综合计算工作时间，但其平均日工作时间和平均周工作时间应与法定标准工作时间基本相同。这种工时制的适用岗位包括交通、铁路、邮政、水运、航空、渔业等行业中因工作性质特殊，需连续作业的职工；地质及资源勘探、建筑、制盐、制糖、旅游等受季节和自然条件限制的行业的部分职工；等等。

（三）休息休假

我国的法定节假日包括元旦、春节、清明节、劳动节、端午节、中秋节、国庆节等节日。劳动者工作满一定年限，每年可享受保留工作岗位、带薪连续休息的带薪年休假，相关法律规定如表 2–4 所示。

表 2–4　带薪年休假相关法律规定

<table>
<tr><th>职工累计工作年限（X）</th><th>假期</th><th colspan="2">不享受当年年休假情形</th></tr>
<tr><td>1 年≤X<10 年</td><td>5 天</td><td>病假累积 2 个月以上</td><td rowspan="3">享受寒暑假超过年假天数的；带薪事假累计 20 天以上的。</td></tr>
<tr><td>10 年≤X<20 年</td><td>10 天</td><td>病假累积 3 个月以上</td></tr>
<tr><td>X≥20 年</td><td>15 天</td><td>病假累积 4 个月以上</td></tr>
<tr><td colspan="4">小提示：年休假在 1 个年度内可以集中安排，也可以分段安排，一般不跨年度安排。单位因生产、工作特点确有必要的，可以跨 1 个年度安排。</td></tr>
</table>

（四）工资报酬

工资应当以法定货币（即人民币）支付，不得以实物及有价证券替代货币支付，且必须在约定的日期支付，至少每月支付一次，实行周、日、小时工资制的可按周、日、小时支付。

用人单位安排劳动者延长工作时间的，应支付不低于工资 150% 的报酬；休息日安排劳动者工作又不能安排补休的，应支付不低于工资 200% 的报酬；法定节假日安排劳动者工作的，应支付不低于工资 300% 的报酬。

因劳动者本人原因给用人单位造成经济损失的，用人单位可按照劳动合同的约定要求其赔偿经济损失。经济损失的赔偿，可从劳动者本人的工资中扣除。但每月扣除的部分不得超过劳动者当月工资的 20%。若扣除后的剩余工资部分低于当地月最低工资标准，则按最低工资标准支付。

另外，用人单位支付给劳动者的工资不得低于当地最低工资标准，否则，由劳动行政部门责令限期支付差额部分；逾期不支付的，责令用人单位按照应付金额 50% 以上 100% 以下的标准向劳动者加付赔偿金。

二、劳动合同的可备条款

除劳动合同必备条款外，用人单位与劳动者还可以在劳动合同中约定试用期、服务期、保守商业秘密、竞业限制等其他可备条款。可备条款不能违反法律、行政法规的强制性规定，否则该约定无效。

（一）试用期

试用期是劳动合同期限内的一部分，试用期间用人单位对劳动者是否合格进行考核，同时劳动者也对用人单位是否符合自己的要求进行评估。

试用期的法律规定如表 2–5 所示。

表 2–5 试用期的法律规定

<table>
<tr><th>劳动合同期限（X）</th><th>试用期（Y）</th></tr>
<tr><td>非全日制用工</td><td rowspan="3">不得约定试用期</td></tr>
<tr><td>以完成一定工作任务为期限</td></tr>
<tr><td>$X<3$ 个月</td></tr>
<tr><td>3 个月 $\leqslant X<1$ 年</td><td>$Y\leqslant 1$ 个月</td></tr>
<tr><td>1 年 $\leqslant X<3$ 年</td><td>$Y\leqslant 2$ 个月</td></tr>
<tr><td>$X\geqslant 3$ 年</td><td rowspan="2">$Y\leqslant 6$ 个月</td></tr>
<tr><td>无固定期限</td></tr>
<tr><td colspan="2">小提示：
（1）试用期包含在劳动合同期限内，劳动合同仅约定试用期的，试用期即为劳动合同期限。
（2）试用期工资不得低于本单位相同岗位最低档工资或者劳动合同约定工资的 80%，并不得低于用人单位所在地的最低工资标准。
（3）同一用人单位与同一劳动者仅能约定一次试用期。</td></tr>
</table>

（二）服务期

服务期是指劳动者因享受用人单位给予的特殊待遇而作出的关于劳动履行期限的承诺。用人单位为劳动者提供专项培训费用，对劳动者进行专业技术培训的，可以与该劳动者订立协议，约定服务期。

若劳动者违反服务期约定，需要向用人单位支付违约金，违约金的数额不得超过服务期尚未履行部分所应分摊的培训费用。

劳动者因下列原因解除劳动合同不属于违反服务期的约定，无须支付违约金：

（1）用人单位未按照劳动合同约定提供劳动保护或劳动条件的。

（2）用人单位未及时足额支付劳动报酬的。

（3）用人单位未依法为劳动者缴纳社会保险费的。

（4）用人单位的规章制度违反法律、法规的规定，损害劳动者权益的。

（5）用人单位以欺诈、胁迫的手段，使劳动者在违背真实意思的情况下订立或变更劳动合同的。

（6）用人单位在劳动合同中免除自己的法定责任、排除劳动者权利的。

（7）用人单位违反法律、行政法规强制性规定的。

（8）法律、行政法规规定劳动者可以解除劳动合同的其他情形。

（三）保密义务和竞业限制

用人单位与劳动者可以在劳动合同中约定保守用人单位的商业秘密和与知识产权相关的保密事项。对负有保密义务的劳动者（高级管理人员、高级技术人员和其他负有保密义务的人员），用人单位可以在劳动合同或者保密协议中与劳动者约定竞业限制条款，并约定在解除或者终止劳动合同后，在竞业限制期限内按月给予劳动者经济补偿。劳动者违反竞业限制约定的，应当按照约定向用人单位支付违约金。竞业限制的法律规定如表 2-6 所示。

表 2-6　竞业限制的法律规定

行为	具体情形	竞业限制是否有效
订立	约定补偿金	有效
	未约定补偿金	无效
	约定竞业限制期限超过 2 年	超过部分无效
履行	未约定经济补偿但劳动者实际履行了竞业限制义务的，劳动者可要求用人单位按“劳动合同解除或者终止前 12 个月平均工资的 30%”、劳动合同履行地最低工资标准两者中较高者按月支付经济补偿	有效
	劳动者不履行，用人单位可要求违约金及继续履行	有效
	因用人单位原因导致 3 个月未支付经济补偿，劳动者可要求支付，同时可请求解除竞业限制约定	解除
	用人单位请求解除竞业限制协议的，劳动者可要求请求单位额外支付 3 个月的经济补偿金	解除

任务实训

2022 年 2 月，李某进入某市 A 心理辅导公司，担任教师一职，工作内容是为残疾儿童制订学习计划和进行心理咨询服务。入职后双方签订了一份劳动合同。该合同约定，李某离职后 2 年内应当遵守竞业限制条款的约定，否则应向 A 公司支付违约金 3 万元。

转眼间，年关将至，眼看着身边的朋友都有了更好的工作选择，李某想跳槽，再加上公司由于管理层更换、资金周转困难等原因，并未按时发放薪资，这让李某更坚定了要走的决心。于是，李某向公司提出离职申请，并于12月正式离职。

在朋友的介绍下，李某了解到某市B康复中心的业务范围是脑瘫、自闭症等特殊儿童的康复训练。通过面试后，李某顺利入职B公司，从事志愿者工作。

在得知李某入职B公司后，A公司向仲裁委申请劳动仲裁，仲裁委作出《仲裁裁决书》，裁决李某向A公司支付违反竞业限制协议的违约金3万元。李某不服该仲裁裁决结果，在法定期限内向区人民法院提起诉讼。

实训步骤：

1. 小组讨论：李某应否给付A公司竞业限制违约金？为什么？
2. 请梳理小组成员的观点，并进行分享。

任务三　领会劳动合同的履行和变更

基本知识

一、劳动合同的履行

劳动合同的履行是指劳动合同生效后，当事人双方按照劳动合同的约定，完成各自承担的义务和实现各自享受的权利，使当事人双方订立合同的目的得以实现的法律行为。

（一）用人单位与劳动者应当按照劳动合同的约定，全面履行各自的义务

这主要包括以下几个方面：

（1）用人单位应当按照劳动合同约定和国家法律规定，向劳动者及时足额支付劳动报酬，用人单位拖欠或者未足额支付劳动报酬的，劳动者可以依法向当地人民法院申请支付令，也可以向劳动行政部门投诉。

（2）用人单位不得强迫或者变相强迫劳动者加班。用人单位安排加班的，应当按照国家有关规定向劳动者支付加班费。

（3）劳动者拒绝用人单位管理人员违章指挥、强令冒险作业的，不视为违反劳动合同。劳动者针对危害生命安全和身体健康的劳动条件，有权对用人单位提出批评、检举和控告。

（4）用人单位变更名称、法定代表人、主要负责人或者投资人等事项，不影响劳动合同的履行。

（5）用人单位发生合并或者分立等情况，原劳动合同继续有效，劳动合同由承继其权利和义务的用人单位继续履行。

（二）用人单位应当依法建立和完善劳动规章制度，保障劳动者享有劳动权利、履行劳动义务

用人单位在制定、修改或者决定有关劳动报酬、工作时间、休息休假、劳动安全卫生、保险福利、职工培训、劳动纪律以及劳动定额管理等直接涉及劳动者切身利益的规章制度或者重大事项时，应当经职工代表大会或者全体职工讨论，提出方案和意见，与工会或者职工代表平等协商确定。

在规章制度和重大事项决定实施过程中，工会或者职工认为不适当的，有权向用人单位提出，通过协商予以修改完善。

用人单位应当将直接涉及劳动者切身利益的规章制度和重大事项决定公示，或者告知劳动者。

用人单位直接涉及劳动者切身利益的规章制度违反法律、法规规定的，由劳动行政部门责令改正，给予警告；给劳动者造成损害的，应当承担赔偿责任。

注意：未经职工代表大会或工会投票通过的规章制度对劳动者不具有约束力；如果用人单位规章制度未经公示或者对劳动者告知，该规章制度对劳动者不生效，企业公示或告知劳动者规章制度可以采用张贴通告、员工手册送达、会议精神传达等方式；如果劳动者签收了用人单位的规章制度，即便制定程序存在瑕疵，在不违反法律的范围内对签收员工依然有效。

二、劳动合同的变更

劳动合同的变更是指劳动合同依法订立后，在合同尚未完全履行完毕之前，经用人单位和劳动者双方当事人协商一致同意，对劳动合同中的内容作部分修改、补充或者删减的法律行为。

用人单位与劳动者协商一致，可以变更劳动合同约定的内容。变更劳动合同，应当采用书面形式。根据《最高人民法院关于审理劳动争议案件适用法律若干问题的解释（四）》的规定，变更劳动合同未采用书面形式，但已经实际履行了口头变更的劳动合同超过一个月，且变更后的劳动合同内容不违反法律、行政法规、国家政策以及公序良俗，则变更有效。

员工不同意异地调岗，企业可以解除劳动合同吗？

任务四　区分劳动合同的解除和终止

基本知识

一、劳动合同的解除

劳动合同解除是指劳动合同签订之后，履行期限届满之前，因双方协商一致终止劳动

关系，或因出现法定的情形，一方单方通知对方结束劳动关系的法律行为。

（一）协商解除

用人单位与劳动者协商一致，可以解除劳动合同。协商一致解除劳动合同的，用人单位应当向劳动者支付经济补偿。

（二）劳动者单方面解除

劳动者可单方面解除劳动合同的情形如图 2–4 所示。

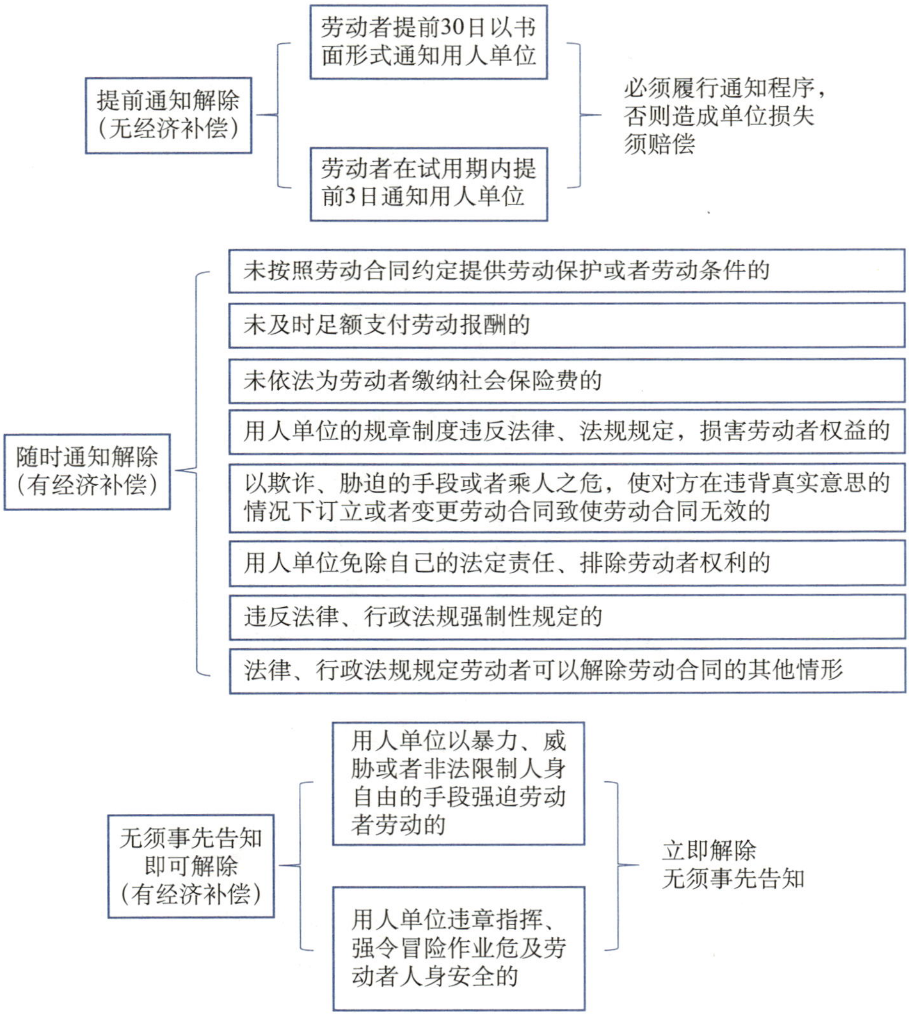

图 2–4　劳动者可单方面解除劳动合同的情形

（三）用人单位单方面解除

用人单位可单方面解除劳动合同的情形如图 2–5 所示。

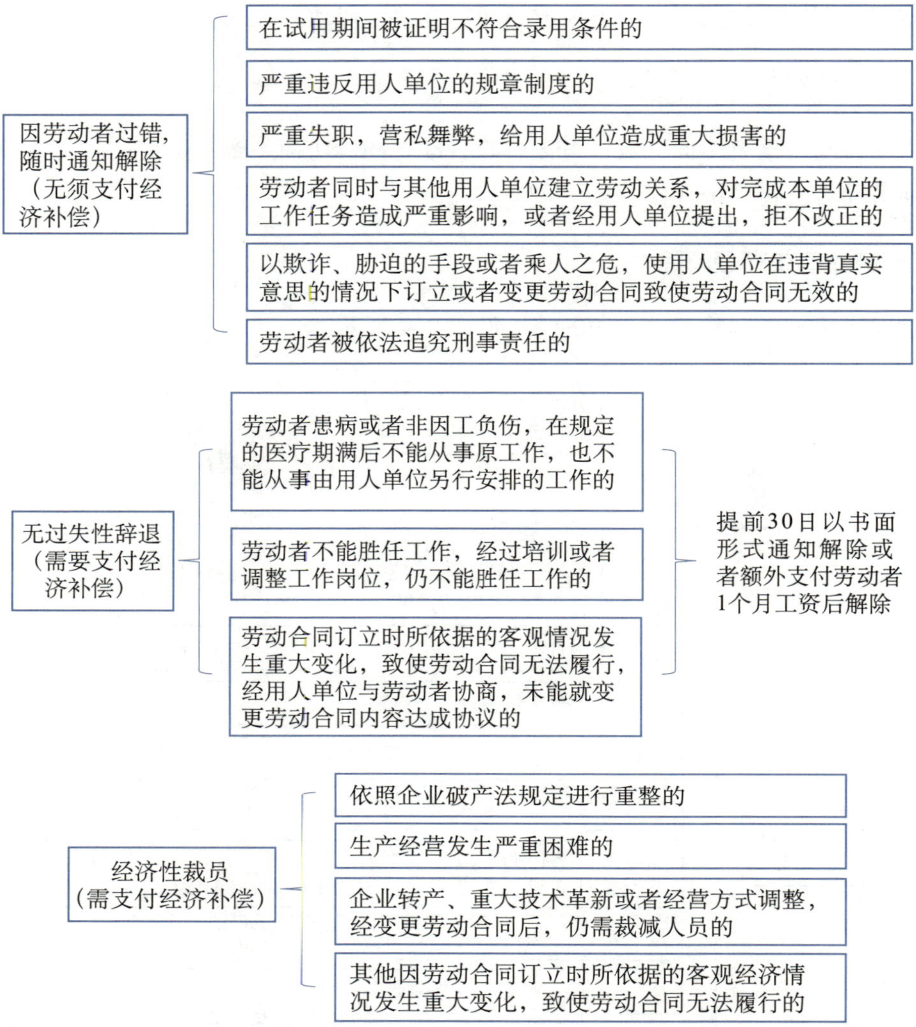

图 2-5 用人单位可单方面解除劳动合同的情形

用人单位依照规定裁减人员，在 6 个月内重新招用人员的，应当通知被裁减的人员，并在同等条件下优先招用被裁减的人员。

二、劳动合同的终止

劳动合同终止是指用人单位与劳动者之间的劳动关系因某种法律事实的出现而自动归于消灭，或导致劳动关系的继续履行成为不可能而不得不消灭的情形。

（一）劳动合同终止的情形

（1）劳动合同期满的。

（2）劳动者开始依法享受基本养老保险待遇的。

（3）劳动者死亡，或者被人民法院宣告死亡或者宣告失踪的。

（4）用人单位被依法宣告破产的。

（5）用人单位被吊销营业执照、责令关闭、撤销或者用人单位决定提前解散的。

（6）法律、行政法规规定的其他情形。

（二）对劳动合同解除或终止的限制性规定

劳动者有下列情形之一的，用人单位既不得解除劳动合同，也不得终止劳动合同：

（1）从事接触职业病危害作业的劳动者未进行离岗前职业健康检查，或者疑似职业病病人在诊断或者医学观察期间的。

（2）在本单位患职业病或者因工负伤并被确认丧失或者部分丧失劳动能力的。

（3）患病或者非因工负伤，在规定的医疗期内的。

（4）女职工在孕期、产期、哺乳期的。

（5）在本单位连续工作满 15 年，且距法定退休年龄不足 5 年的。

（6）法律、行政法规规定的其他情形。

解除或终止劳动合同，企业要支付补偿金吗？

（三）劳动合同解除和终止的经济补偿

经济补偿是指按照劳动合同法的规定，在劳动者不存在过错的前提下（劳动者主动离职除外），用人单位与劳动者终止或解除劳动关系，用人单位应当给予劳动者经济上的补助，也称经济补偿金。以下情形，用人单位应向劳动者支付经济补偿：

（1）因用人单位存在过错，劳动者符合随时通知解除和不需事先通知即可解除劳动合同规定情形而解除劳动合同的。

（2）用人单位与劳动者协商一致解除劳动合同的。

（3）用人单位符合提前 30 日以书面形式通知劳动者本人或者额外支付劳动者 1 个月工资后，可以解除劳动合同规定情形而解除劳动合同的。

（4）用人单位依照企业破产法规定进行重整，经济性裁员的。

（5）劳动合同合同期满终止固定期限劳动合同的，除用人单位维持或者提高劳动合同约定条件续订劳动合同，劳动者不同意续订的情形外。

（6）因用人单位依法被宣告破产、吊销执照、责令关闭、撤销或用人单位决定提前解散导致劳动合同终止的。

经济补偿的具体标准见表 2-7。

表 2-7　经济补偿的具体标准

<table>
<tr><td rowspan="3">支付标准</td><td>满 1 年</td><td rowspan="2">支付 1 个月工资</td></tr>
<tr><td>6 个月以上不满 1 年的按 1 年计算</td></tr>
<tr><td>不满 6 个月的</td><td>支付半个月工资</td></tr>
</table>

续表

公式	经济补偿金＝工作年限 × 月工资 （月工资是指劳动者在劳动合同解除或者终止前 12 个月的平均工资）
基数	最低工资标准≤月平均工资≤上年度职工月平均工资的 3 倍
	超过上年度职工月平均工资 3 倍的，按职工月平均工资 3 倍的数额支付，支付经济补偿的年限最高不超过 12 年

用人单位应当在解除或者终止劳动合同时出具解除或者终止劳动合同的证明，并在 15 日内为劳动者办理档案和社会保险关系转移手续。劳动者应当按照双方约定，办理工作交接。

任务实训

李某为甲公司销售人员，工作 3 年后，甲公司与李某签订了一份补充协议，约定每月销售业绩低于 3 万元的，无工资；连续 3 个月销售业绩低于 3 万元的，公司将给予辞退处理。后甲公司以李某连续 3 个月业绩未达标为由，未支付其工资，并告知其不用再来上班，解除劳动合同。李某认为甲公司构成违法解除，提出仲裁申请，要求公司支付违法解除赔偿金以及工资差额。

实训步骤：

1. 小组讨论：李某的请求是否应当得到支持？为什么？
2. 请梳理小组成员的观点，并进行分享。

任务五　明确劳动争议解决的途径

基本知识

一、劳动争议及解决方法

劳动争议，是指劳动关系的当事人之间因执行劳动法律、法规和履行劳动合同而发生的纠纷。根据涉及的权利义务的具体内容，劳动争议可分为以下几类：

（1）因确认劳动关系发生的争议。

（2）因订立、履行、变更、解除和终止劳动合同发生的争议。

（3）因除名、辞退和辞职、离职发生的争议。

（4）因工作时间、休息休假、社会保险、福利、培训以及劳动保护发生的争议。

（5）因劳动报酬、工伤医疗费、经济补偿或者赔偿金等发生的争议。

（6）法律、法规规定的其他劳动争议。

用人单位与劳动者发生劳动争议，当事人可以依法申请调解、仲裁、提起诉讼，也可以协商解决。

二、劳动争议调解

劳动争议调解是指在调解组织的主持下，在双方当事人自愿的基础上，对争议双方的矛盾进行调停、调和，以达到促使双方消除矛盾协商一致的过程。

（一）劳动争议调解组织

企业劳动争议调解委员会（由职工和企业代表组成），依法设立的基层人民调解组织，乡镇、街道劳动就业社会保障服务中心等具有劳动调解职能的组织。

（二）劳动争议调解书的效力

劳动争议调解书不具有向法院申请强制执行的效力，只有通过劳动仲裁委员会或人民法院确认后，才具有强制执行效力。因支付拖欠的劳动报酬、工伤医疗费、经济补偿或者赔偿金事项达成的调解协议，用人单位不履行的，劳动者可以持调解协议书向人民法院申请支付令。

三、劳动争议仲裁

劳动争议仲裁是指仲裁机构根据规定对劳动争议事项依法作出裁决，从而解决劳动争议的法律制度。仲裁是劳动诉讼的前置程序，劳动争议的当事人可以选择不与对方当事人进行协商或调解，直接向劳动争议仲裁机构提起仲裁申请。若劳动争议不经过仲裁程序，则无法提起诉讼。

（一）劳动仲裁当事人

（1）劳动者和用人单位。

（2）在劳务派遣中派遣单位或用人单位与劳动者发生争议的，劳务派遣单位和用人单位成为共同当事人。

（3）劳动者与个人承包经营者发生争议，应当将发生争议的组织和个人承包经营者作为当事人。

（4）发生争议的用人单位被吊销营业执照、责令关闭、撤销以及用人单位决定提前解散，导致最终无法承担责任的，依法将出资人、开办单位或主管部门作为共同当事人。

（二）劳动仲裁机构

劳动仲裁机构是劳动争议仲裁委员会，劳动争议仲裁委员会不按行政区划层层划分，各级仲裁委员会相互间不存在行政隶属关系。劳动争议仲裁委员会下设办事机构，负责办理劳动争议仲裁委员会的日常工作。劳动争议由劳动合同履行地或者用人单位所在地的劳动争议仲裁委员会管辖。双方当事人分别向劳动合同履行地和用人单位所在地的劳动争议仲裁委员会申请仲裁的，由劳动合同履行地的劳动争议仲裁委员会管辖。

（三）仲裁申请

劳动争议申请仲裁的时效期间为 1 年。仲裁时效期间从当事人知道或者应当知道其权利被侵害之日起计算。

当事人申请仲裁，应当向劳动争议仲裁委员会提交书面的仲裁申请书，并按照被申请人人数提交申请书副本。仲裁申请书中应当载明如下几点：当事人的具体信息，包括劳动者的姓名、性别、年龄、工作单位、住所及用人单位的名称、住所地和法定代表人的姓名及职务；仲裁请求和所依据的事实及理由；证据和证据来源、证人姓名和住所。

书写仲裁申请书确有困难的，可以口头申请，由劳动争议仲裁委员会记入笔录，并告知对方当事人。

仲裁申请书范例

劳动仲裁申请书

申请人：张某，男，汉族，××××年××月××日生；工作单位：×××××公司；职位：销售经理；住所地：×××省×××市×××区×××路×××号×××室。

被申请人：××××公司；住所地：×××省×××市×××区×××路×××号×××室；法定代表人：×××，公司总经理。

仲裁申请事项：

请求裁决被申请人支付拖欠的工资×××××元。

请求裁决被申请人向申请人支付自××××年××月起至××××年××月的加班工资××元。

…………

事实与理由：

（围绕申请人仲裁申请事项，简要叙述相关事实，例如劳动合同的签订情况，约定的工资标准，以及相关劳动报酬的计算标准及具体组成等）

此致

×××市×××区劳动人事争议仲裁委员会

申请人：（签名）

××××年××月××日

（四）仲裁流程

当事人向劳动争议仲裁委员会提出仲裁申请后，劳动争议仲裁委员会应当在 5 日内作出决定，符合受理条件的，出具受理仲裁申请；劳动争议仲裁委员会决定不受理或者逾期未作出是否受理决定的，当事人可以直接向有管辖权的法院提起诉讼。

劳动争议仲裁委员会受理后，应当在 5 日内将仲裁申请书副本送达被申请人；被申请人应当在收到仲裁申请书副本后 10 日内作出书面答辩，但不提交不会影响仲裁程序的进行。劳动争议仲裁委员会收到答辩书后 5 日内将副本送达申请人。

劳动争议仲裁委员会先行组织调解，调解成功的，出具调解书；不成功的，经仲裁庭审后作出裁决书。仲裁期限自劳动争议仲裁委员会受理仲裁申请之日起 45 日内结束。案情复杂需要延期的，经劳动争议仲裁委员会主任批准可以延长，但延长期限不得超过 15 日。

（五）裁决结果

裁决应当按照多数仲裁员的意见作出。仲裁庭不能形成多数意见时，裁决应当按照首席仲裁员的意见作出。任何一方对裁决不服的，可以自收到仲裁裁决书之日起 15 日内向人民法院提起诉讼。

用人单位有证据证明仲裁裁决有下列情形之一，可以自收到仲裁裁决书之日起 30 日内向劳动争议仲裁委员会所在地的中级人民法院申请撤销裁决：

（1）适用法律、法规确有错误的。

（2）劳动争议仲裁委员会无管辖权的。

（3）违反法定程序的。

（4）裁决所根据的证据是伪造的。

（5）对方当事人隐瞒了足以影响公正裁决的证据的。

（6）仲裁员在仲裁该案时有索贿受贿、徇私舞弊、枉法裁决行为的。

对于追索劳动报酬、工伤医疗费、经济补偿或者赔偿金的案件，根据当事人的申请，并符合以下条件的，可以裁决先予执行：当事人之间权利义务关系明确；不先予执行将严重影响申请人的生活。

提示：经济仲裁和劳动仲裁虽然都是仲裁，但还是有很多不同的地方，具体如表 2–8 所示。

表 2–8　经济仲裁和劳动仲裁的区别

事项	经济仲裁	劳动仲裁
申请程序	事先或事后达成仲裁协议	不要求当事人达成仲裁协议
仲裁协议	书面仲裁协议	不涉及仲裁协议
原则	或裁或审	先裁后审
仲裁委员会	都不按行政区划层层设立	
管辖	不实行地域管辖，仲裁委员会由当事人协商选定	劳动争议由劳动合同履行地或用人单位所在地的劳动争议仲裁委员会管辖

续表

事项	经济仲裁	劳动仲裁
程序	开庭不公开	开庭又公开
是否收费	收费	不收费
口头申请	不可以	可以
一裁终局	√	终局裁决的劳动争议：劳动者不服的，可以自收到仲裁裁决书之日起 15 日内起诉；用人单位认为仲裁裁决符合撤销情形的，可以申请撤销

四、劳动争议诉讼

针对不同情形，当事人可提起劳动诉讼，具体规定如表 2–9 所示。

表 2–9　提起劳动诉讼的情形

具体情形	提起诉讼
劳动仲裁委员会不予受理或者逾期未作出决定的	申请人可就该争议事项向人民法院提起诉讼
劳动者对劳动争议的终局裁决不服的	可以自收到仲裁裁决书之日起 15 日内向人民法院提起诉讼
当事人对终局裁决情形之外的其他劳动争议案件的仲裁裁决不服的	
终局裁决被人民法院裁定撤销的	

任务实训

2021 年 5 月，李某进入某学校工作，担任生活老师，李某与学校签订了书面劳动合同。2023 年 11 月 4 日，李某因病住院治疗。11 月 5 日，李某在治疗期间被移出学校的宿舍管理工作群。11 月 8 日，李某出院。李某认为，其工作岗位是生活老师，管理员将其从宿舍管理工作群删除，代表其被学校辞退，学校构成违法解除劳动关系，应当支付经济补偿金。但学校认为，管理员把李某移出的是宿舍管理工作群，而不是学校工作群，李某未正常上班，属于自行离职，学校没有违法解除劳动关系。双方因此产生纠纷，李某拟向劳动人事争议仲裁委员会申请仲裁。

实训步骤：

1. 以小组为单位，为李某起草一份仲裁申请书。
2. 各小组进行交流、互评。

项目五　社会保险法律制度

任务一　领会社会保险的意义和作用

基本知识

社会保险，是指国家依法建立的，由国家、用人单位和个人共同筹集资金、建立基金，使个人在退休、患病、工伤、失业、生育等情况下可以获得物质帮助和补偿的一种保险制度。社保也就是我们俗称的“五险”，其中包括养老保险、医疗保险、失业保险、工伤保险、生育保险，针对的分别为公民的老年风险、医疗风险、职业风险、失业风险及生育风险。

缴纳社会保险费用是用人单位的法定义务，不论用人单位是否与劳动者就不缴纳社保达成一致意见，或者劳动者强烈要求用人单位不替其缴纳社会保险费用，用人单位都必须给劳动者缴纳社会保险费用。拒不缴纳的，劳动监察部门可主动或在收到投诉后，要求用人单位补缴社保。用人单位拒不补缴的，劳动者可直接提起仲裁，要求用人单位补缴。强制缴纳社保的意义在于保障社会以公平和稳定，确保每个劳动者都能享受到基本的社会保障，减少因生活困境而产生的社会矛盾，从而维护社会的整体稳定。可见，我国的社会保险制度体现了“以人民为中心”的发展思想，将社会保障从风险管理手段上升为国家治理制度，彰显了我们的制度优势，有效提升了人民的“获得感”。

公司不缴社保改发社保补贴，可以吗？

任务实训

孙某应聘到甲公司工作，办理入职手续时，人事专员说：“你的社保已经缴纳了 15 年，可以不用继续缴纳了，不影响退休后拿养老金。不缴纳社保也不用从你每月的工资里扣钱，你拿到的钱还要多一些。”孙某听了后犹豫不决。

实训步骤：

1. 以小组为单位分析讨论：社保缴费满 15 年就可以不缴了吗？
2. 各小组进行交流、互评。

任务二　掌握社会保险的内容

基本知识

一、基本养老保险

基本养老保险是按国家法律法规政策规定，强制实施的为保障广大离退休人员基本生活需要的一种养老保险制度。基本养老保险金由用人单位和个人缴费及政府补贴等组成，实行社会统筹和个人账户相结合模式。

基本养老金根据个人累计缴费年限、缴费工资、当地职工平均工资、个人账户金额、城镇人口平均预期寿命等因素确定。

（一）职工基本养老保险费的缴纳

用人单位以本单位职工工资总额为缴费基数，一般不超过 20%。劳动者则以其上一年度月平均工资作为缴费基数，个人缴费比例为 8%。月平均工资包括工资、奖金、津贴、补贴等收入，不包括用人单位承担或者支付给员工的社会保险费、劳动服务费、护理费、计划生育费用、一次性支付的解除劳动合同补偿金等费用。月平均工资低于当地职工月平均工资 60% 的，按照当地职工月平均工资 60% 作为缴费基数；月平均工资高于当地职工月平均工资 300% 的，按照当地职工月平均工资 300% 作为缴费基数，超过部分不计入缴费工资基数，也不计入计发养老金的基数。

灵活就业人员以当地上年度职工平均工资作为缴费基数，缴费比例为 20%，其中 8% 部分入个人账户。

个人跨统筹地区就业的，其基本养老保险关系随本人转移，缴费年限累计计算。个人达到法定退休年龄时，基本养老金分段计算、统一支付。

（二）职工基本养老保险待遇

1. 养老保险金

达到法定退休年龄，且累计缴费满 15 年，可以按月领取基本养老金。

2. 丧葬补助金和抚恤金

参加基本养老保险的个人，因病或者非因工死亡的，遗属可以领取丧葬补助金和抚恤金，资金从基本养老保险基金中支取。

3. 病残津贴

在未达到法定退休年龄时因病或者非因工致残完全丧失劳动能力的，可以领取病残津贴，资金从基本养老保险基金中支取。

注意：实践中，经常存在劳动者和用人单位书面约定“不缴纳社会保险”，劳动者进而可以从用人单位处领取社会保险对应部分的补贴，但是由于社会保险属于国家法律、法规规定的强制性法律规范。用人单位应当在自用工关系确定 30 日内，按时足额为员工缴纳社会保险。

二、基本医疗保险

基本医疗保险是为补偿劳动者因疾病风险造成的经济损失而建立的一项社会保险制度，是社会保障体系重要的组成部分，通过用人单位与职工缴费，建立医疗保险基金，参保人员患病就诊发生医疗费用后，由医疗保险机构对其给予一定的经济补偿。

（一）全面推进生育保险和职工基本医疗保险合并实施

2019 年 3 月，国务院办公厅印发《关于全面推进生育保险和职工基本医疗保险合并实施的意见》（国办发〔2019〕10 号），参加职工基本医疗保险的在职职工同步参加生育保险。

生育保险基金并入职工基本医疗保险基金，统一征缴，统筹层次一致。两项保险合并实施后实行统一定点医疗服务管理，执行基本医疗保险、工伤保险、生育保险药品目录以及基本医疗保险诊疗项目和医疗服务设施范围。

个人不缴纳生育保险，参保人员生育医疗费用、生育津贴等各项生育保险待遇按现行法律法规执行，所需资金从职工基本医疗保险基金中支付。

（二）基本医疗保险费的缴纳

基本医疗保险费由用人单位和职工共同缴纳。用人单位缴费率应控制在职工工资总额的 6% 左右，职工缴费率一般为本人工资收入的 2%。随着经济发展，用人单位和职工缴费率可作相应调整。

用人单位缴纳的基本医疗保险费分为两部分，一部分用于建立统筹基金，另一部分划入个人账户。划入个人账户的比例一般为用人单位缴费的 30% 左右，具体比例由统筹地区根据个人账户的支付范围和职工年龄等因素确定。

参加职工基本医疗保险的个人，达到法定退休年龄时累计缴费达到国家规定年限的，退休后不再缴纳基本医疗保险费，按照国家规定享受基本医疗保险待遇；未达到国家规定年限的，可以缴费至国家规定年限。

个人跨统筹地区就业的，其基本医疗保险关系随本人转移，缴费年限累计计算。

（三）职工基本医疗费用的结算

参保人员在协议医疗机构发生的医疗费用，符合基本医疗保险药品目录、诊疗项目、医疗服务设施标准以及急诊、抢救的医疗费用，按照国家规定从基本医疗保险基金中支付。

参保人员确需急诊、抢救的，可以在协议医疗机构就医，因抢救必须使用的药品可以适当放宽范围。

（四）基本医疗保险基金不支付的医疗费用

以下医疗费用不纳入基本医疗保险基金的支付范围：应当从工伤保险基金中支付的；应当由第三人负担的；应当由公共卫生负担的；境外就医的。

医疗费用应当由第三人负担的，在第三人不支付或者第三人无法确定的情况下，基本医疗保险基金可以先行支付，基本医疗保险基金支付后，可以在确定需承担责任第三人的情况下向第三人进行追偿。

三、工伤保险

工伤保险，是指劳动者在工作中或在规定的特殊情况下，遭受意外伤害或者患职业病导致暂时或永久丧失劳动能力以及死亡时，劳动者或其遗属从国家和社会获得物质帮助的一种社会保险制度。

《中华人民共和国社会保险法》第33条规定：“职工应当参加工伤保险，由用人单位缴纳工伤保险费，职工不缴纳工伤保险费。”

“因工外出”受到伤害，算工伤吗？

（一）工伤认定与劳动能力鉴定

工伤的认定有应当认定工伤和视同工伤两种情形，具体如表2–10所示。

表2–10　工伤的认定

分类	具体内容
应当认定工伤的情形（与工作有直接因果关系）	（1）在工作时间和工作场所内，因工作原因受到事故伤害的。 （2）工作时间前后在工作场所内，从事与工作有关的预备性或者收尾性工作受到事故伤害的。 （3）在工作时间和工作场所内，因履行工作职责受到暴力等意外伤害的。 （4）患职业病的。 （5）因工外出期间，由于工作原因受到伤害或者发生事故下落不明的。 （6）在上下班途中，受到非本人主要责任的交通事故或者城市轨道交通、客运轮渡、火车事故伤害的。
视同工伤的情形（与工作有间接因果关系）	（1）在工作时间和工作岗位，突发疾病死亡或者在48小时内经抢救无效死亡的。 （2）在抢险救灾等维护国家利益、公益活动中受到伤害的。 （3）职工原在军队服役，因战、因公负伤致残，已取得革命伤残军人证，到用人单位后旧伤复发的。
不认定为工伤的情形	职工因下列情形导致在工作中伤亡的，不认定为工伤：故意犯罪的；醉酒或者吸毒的；自残或者自杀的。

职工发生工伤，经治疗伤情相对稳定后存在残疾、影响劳动能力的，应当进行劳动能力鉴定。劳动能力鉴定是指劳动功能障碍程度和生活自理障碍程度的等级鉴定。

劳动功能障碍分为十个伤残等级，最重的为一级，最轻的为十级。生活自理障碍分为三个等级：生活完全不能自理、生活大部分不能自理和生活部分不能自理。

自劳动能力鉴定结论作出之日起 1 年后，工伤职工或者其近亲属、所在单位或者经办机构认为伤残情况发生变化的，可以申请劳动能力复查鉴定。

（二）工伤保险待遇

职工因工作原因受到事故伤害或者患职业病，且经工伤认定的，享受工伤保险待遇；其中，经鉴定丧失劳动能力的，享受伤残待遇。工伤保险待遇具体如表 2–11 所示。

表 2–11　工伤保险待遇

种类	具体内容
医疗方面待遇	工伤治疗费用、治疗期间伙食补助费、交通食宿费和康复费。
停工留薪期待遇	停工留薪期（一般不超过 12 个月，特殊情况可延长至 24 个月），原工资福利待遇不变，由用人单位支付。
伤残待遇	（1）生活护理费（按照生活完全不能自理、大部分不能自理或者部分不能自理 3 个不同等级按月领取，其标准分别为统筹地区上年度职工月平均工资的 50%、40% 或者 30%）。 （2）一次性伤残补助金。 （3）伤残津贴。
工亡待遇	丧葬补助金、供养亲属抚恤金和一次性工亡补助金。

（三）特别规定

工伤职工有下列情形之一的，停止享受工伤保险待遇：丧失享受待遇条件的；拒不接受劳动能力鉴定的；拒绝治疗的。

职工在两个或两个以上用人单位同时就业的，各用人单位应当分别为职工缴纳工伤保险费。职工发生工伤，由职工受到伤害时其工作的单位依法承担工伤保险责任。

四、失业保险

失业保险是指通过建立失业保险基金，向符合一定条件的失业人员进行一定的给付，从而使因失业而暂时失去生活来源的劳动者的基本生活能够得到保障，并通过职业培训、职业介绍等方式帮助其重新就业的一种社会保险制度。

（一）失业保险费的缴纳

根据《失业保险条例》的规定，城镇企业事业单位及其职工按照规定参加失业保险，缴纳失业保险费。城镇企业事业单位按照本单位工资总额的 2% 缴纳失业保险费，城镇企业事业单位职工按照本人工资的 1% 缴纳失业保险费。

（二）失业保险待遇

（1）领取失业保险金。

（2）领取失业保险金期间，失业人员参加职工基本医疗保险的，享受基本医疗保险待遇。

（3）失业人员在领取失业保险金期间死亡的，参照当地对在职职工死亡的规定，向遗属发放一次丧葬补助金和抚恤金。个人死亡同时符合领取基本养老保险丧葬补助金、工伤保险丧葬补助金和失业保险丧葬补助金条件的，遗属只能选择领取其中的一项。

（4）职业介绍与职业培训补贴。失业人员在领取失业保险金期间，应当接受职业培训和职业介绍。

（三）领取期限

用人单位应当及时为失业人员出具终止或者解除劳动关系的证明，并将失业人员的名单自终止之日或者解除劳动关系之日起 15 日内告知社会保险经办机构。失业人员应当持本单位出具的终止或解除劳动关系的证明，及时到指定的公共就业服务机构办理失业登记。

失业保险金领取期限自办理失业登记之日起计算，具体如表 2–12 所示。

表 2–12　失业保险的领取期限

失业前用人单位和本人累积缴费年限（X）	领取失业保险金的最长期限
满 1 年不足 5 年（1 年≤X<5 年）	12 个月
满 5 年不足 10 年（5 年≤X<10 年）	18 个月
10 年以上	24 个月

（四）失业保险金的发放标准

失业保险金不得低于城市居民最低生活保障标准，一般不高于当地最低工资标准，具体由省、自治区、直辖市人民政府确定。

（五）停止享受失业保险待遇的情形

失业人员在领取失业保险金期间有下列情形之一的，停止领取失业保险金，并同时停止享受其他失业保险待遇：

（1）重新就业的。

（2）应征服兵役的。

（3）移居境外的。

（4）享受基本养老保险待遇的。

（5）无正当理由，拒不接受当地人民政府指定部门或者机构介绍的适当工作或者提供的培训的。

任务实训

张某与石马小学于2020年9月10日签订了《××县事业单位聘用合同书》，约定聘用期限为5年，张某任石马小学班主任一职，从事教学工作。

2024年3月20日，张某在工作期间曾出现脸色苍白和疲乏无力的情况，但并没有引起重视，没有到医院就医。当天晚上，张某在办公室批改完作业后回到宿舍感觉比较累，就休息了。3月21日凌晨4时半，同宿舍的杨某被张某的异常动静惊醒，发现张某脸色发白，嘴唇发紫，呼叫无反应，遂拨打了急救电话。不久，“120”急救车到达现场，确定张某已无生命体征。县公安局接警后赶到现场进行调查，初步排除了他杀的可能。医院出具的“居民死亡医学证明（推断书）”推断张某的死亡原因为“心肌梗死”。

2024年4月2日，石马小学向县人社局提交了“工伤认定申请表”，要求对张某的死亡认定为工伤。县人社局作出《不予认定工伤决定书》。之后，张某的近亲属以县人社局为被告诉至人民法院。

实训步骤：

1. 以小组为单位进行分析讨论，张某在学校宿舍心肌梗死去世，能否认定为工伤？

2. 各小组进行交流、互评。

知识点睛

劳动合同是劳动者与用人单位确立劳动关系，明确双方权利与义务的书面协议。订立劳动合同应遵循合法、公平、平等自愿、协商一致、诚实信用的原则。劳动合同的订立形式分为书面形式和口头形式两种，劳动合同的内容包括法定条款和约定条款。劳动合同的解除分为双方协商解除劳动合同和单方面解除劳动合同两种。劳动争议是指劳动双方当事人因实现劳动权利和履行劳动义务而发生的纠纷。劳动争议解决的方法有协商、调解、仲裁和诉讼。

社会保险是指国家依法建立的，由国家、用人单位和个人共同筹集资金、建立基金，使个人在退休、患病、工伤、失业、生育等情况下可以获得物质帮助和补偿的一种社会保障制度。我国的社会保险项目主要有五项，统称为“五险”，即基本养老保险、基本医疗保险、工伤保险、失业保险和生育保险。

学以致用

一、单选题

1. 2021 年 7 月 4 日，某公司与小王签订劳动合同，约定合同期限为 1 年，试用期 1 个月，每月 26 日发放工资，小王于 7 月 8 日开始上班。双方建立劳动关系的起始时间为（　　）。

A. 7 月 4 日　　B. 7 月 8 日　　C. 7 月 26 日　　D. 8 月 4 日

2. 下列情形中，订立劳动合同的当事人具备主体合法性的是（　　）。

A. 未满 16 周岁的小赵与某餐厅签订劳动合同

B. 未满 16 周岁的小王与某杂技团签订劳动合同

C. 未满 16 周岁的小孙与某快递公司签订劳动合同

D. 未满 16 周岁的小李与保安公司签订劳动合同

3. 李某的日工资为 160 元，每周工作 5 天，每天工作 8 小时。2021 年 10 月，李某在“十一”期间加班一天，在某个周末加班一天，在某个工作日加班 3 小时。李某在 2019 年 10 月应该得到的加班费是（　　）。

A. 160 元　　B. 320 元　　C. 890 元　　D. 1 050 元

4. 王某在甲公司工作已满 15 年，2022 年 7 月 1 日调到乙公司工作，提出补休年休假申请，则王某可以享受的年休假是（　　）天。

A. 0　　B. 5　　C. 10　　D. 15

5. 根据《劳动合同法》的规定，下列情形中，用人单位与劳动者可以不签订书面劳动合同的是（　　）。

A. 试用期用工　　B. 非全日制用工

C. 固定期限用工　　D. 无固定期限用工

6. 根据《劳动合同法》的规定，下列（　　）是劳动合同的必备条款。

A. 工作内容和工作地点　　B. 劳动纪律

C. 补充保险　　D. 试用期

7. 根据《劳动合同法》的规定，劳动合同期限 3 个月以上不满 1 年的，试用期不得超过（　　）。

A. 1 个月　　B. 2 个月

C. 3 个月　　D. 6 个月

8. 下列关于用人单位在试用期内解除劳动合同的说法中，正确的是（　　）。

A. 试用期内用人单位可以随时通知劳动者解除劳动合同

B. 用人单位在试用期解除劳动合同的，不需要向劳动者说明理由

C. 在试用期内被证明不符合录用条件的，用人单位可以解除劳动合同

D. 劳动者在试用期工资不得低于劳动合同约定工资的 60%

9. 李某与甲公司订立了1年的劳动合同。合同约定，严重失职，营私舞弊，对公司利益造成损害的，公司可以解除合同。李某任职期间，其负责完成的工程出现重大质量问题，给公司造成了较大经济损失。下列表述中，正确的是（ ）。

A. 李某与甲公司之间订立的劳动合同无效

B. 甲公司可以解除与李某订立的劳动合同

C. 甲公司可以解除与李某订立的劳动合同，但应支付相应的经济补偿

D. 李某与甲公司之间订立的劳动合同是可撤销合同

10. 劳动者对劳动争议仲裁的裁决不服的，可以自收到仲裁裁决书之日起（ ）日内向人民法院提起诉讼。

A. 5　　B. 10　　C. 15　　D. 8

二、多项选择题

1. 小张于2023年2月1日起开始在甲公司上班，直至2023年6月14日，甲公司人事部门才书面通知小张，要求签订书面劳动合同，根据《劳动合同法》的规定，下列表述中，不正确的是（ ）。

A. 即使甲公司与小张于6月14日签订了书面劳动合同，甲公司仍然需要向小张支付双倍工资，期限为2月1日至6月13日

B. 即使甲公司与小张于6月14日签订了书面劳动合同，甲公司仍然需要向小张支付双倍工资，期限为3月1日至6月13日

C. 如果小张不与甲公司签订书面劳动合同，甲公司应当书面通知小张终止劳动关系，并支付经济补偿

D. 如果小张不与甲公司签订书面劳动合同，甲公司应当书面通知小张终止劳动关系，无须支付经济补偿

2. 甲公司与劳动者李某在劳动合同中约定的下列事项，无效的有（ ）。

A. 发生工伤，公司概不负责

B. 合同期满，如果甲公司不再与李某续签劳动合同，则无须向李某支付经济补偿金

C. 试用期内甲公司可随时解除与李某的劳动合同

D. 合同期满后的三年内，李某不得从事与甲公司同类的业务

3. 2022年甲公司成立后，向社会公开招聘工作人员。在甲公司与被录用人员吴某订立的劳动合同中有下述条款，其中不符合《劳动法》规定的有（ ）。

A. 劳动合同约定试用期为1年

B. 如果吴某被依法追究刑事责任，甲公司可以解除劳动合同

C. 在试用期间，吴某被证明不符合录用条件，甲公司可以解除劳动合同

D. 为防止吴某中途离职，合同期内吴某的大学毕业证由公司保管

4. 用人单位无须提前30日以书面形式通知劳动者即可单方面解除劳动合同的有（ ）。

A. 劳动者不能胜任工作，经过培训或调整工作岗位，仍不能胜任工作的

B. 劳动者同时与其他用人单位建立劳动关系，经用人单位提出，拒不改正的

C. 在试用期内被证明不符合录用条件的

D. 被依法追究刑事责任的

5. 企业需要裁员 20 人以上或者裁员不足 20 人但占企业职工总数的 10% 以上的，应提前向工会或者全体职工说明情况，听取工会或者职工的意见后，裁减人员方案经向劳动行政部门报告，可以裁减人员。企业适用上述规定的情形包括（　　）。

A. 依照企业破产法规定进行重整的

B. 生产经营发生严重困难的

C. 企业转产、重大技术革新或者经营方式调整，经变更劳动合同后，仍需裁减人员的

D. 其他因劳动合同订立时所依据的客观经济情况发生重大变化，致使劳动合同无法履行

6. 劳动争议解决的方法有（　　）。

A. 协商　　B. 调解　　C. 仲裁　　D. 诉讼

7. 下列对于劳动仲裁机构的表述中，正确的是（　　）。

A. 劳动仲裁机构是劳动争议仲裁委员会

B. 劳动仲裁机构应按行政区划层层设立

C. 劳动争议仲裁委员会组成人员应当是单数

D. 劳动争议仲裁不收费

8. 目前我国的社会保险项目包括（　　）。

A. 基本养老保险　　B. 基本医疗保险　　C. 工伤保险　　D. 失业保险

9. 2022 年 10 月，王某应聘到甲公司工作，双方签订为期 3 年的劳动合同。2023 年 4 月，王某因患病住院治疗，经诊断，需住院 2 个月。在到甲公司工作以前，王某已经实际工作了 6 年。则下列说法中，正确的有（　　）。

A. 王某在医院花费的医疗费可以根据有关规定要求甲公司报销

B. 王某可以享受的医疗期待遇为 5 个月

C. 在医疗期内，甲公司不得解除劳动合同

D. 医疗期 3 个月的，按 6 个月内累计病休时间计算

10. 关于基本养老保险，下列表述中正确的有（　　）。

A. 基本养老金由统筹养老金和个人账户养老金组成

B. 个人缴纳养老保险费计征个人所得税

C. 参加职工基本养老保险的个人死亡后，其个人账户中的余额不可以依法继承

D. 参加基本养老保险的个人，在因病或者非因工致残完全丧失劳动能力的，可以领取病残津贴

三、案例分析题

1. 赵某自 2018 年 4 月起在新疆某科技公司工作，从事销售岗位，工作时间灵活，工

资按照销量提成。2022 年 5 月 10 日，公司在微信群发布 App 签到的新考勤形式，当时赵某在微信群里回复“收到”。2022 年 6 月 24 日，赵某连续 16 天未签到。7 月 1 日，公司以赵某旷工违反公司考勤制度为由将其开除。对此，赵某不服，向当地劳动仲裁委员会提出仲裁申请。赵某认为：“单位于 2018 年 4 月 3 日和我签订了无固定期限劳动合同，但没有任何正当理由辞退我，属于违法解除劳动关系，应当支付赔偿金。”公司认为，培训会议签到表证明公司对各项规章制度组织培训学习；微信聊天记录显示法定代表人杨某在工作群中公告新考勤形式，赵某回复“收到”，表明赵某知悉公司该规章制度和具体考勤打卡形式。赵某于 2018 年入职公司，其对规章制度知悉程度远高于其他员工。因此，赵某连续 16 天未签到的行为属于严重违反公司规章制度的情形，公司可以依法解除劳动合同。

问题：公司开除赵某的行为是否属于违法解除劳动合同？

2. 小李就职的公司于 2023 年 3 月 11 日发布公告声明，公司办公地址将由东风大道 159 号整体搬迁至该大道 529 号，新生产车间空调、食宿等生活条件更加便利；公司承诺给每人发 500 元的搬迁奖励，同时每月的交通补贴由原来的 100 元上升至 150 元；望公司员工通过合理渠道表达诉求，并于 3 月 12 日返岗正常工作。小李以上班路途变远为由拒绝返岗。

3 月 13 日，公司再次发表声明，重申上述内容。小李仍然拒绝返岗。3 月 15 日，公司书面告知小李其拒绝返岗的行为严重违反公司规章制度，要求其于 3 月 18 日前到岗，逾期将解除劳动合同。小李仍未按要求返岗工作。3 月 18 日，公司在通知工会后，以严重违反公司规章制度为由，解除与小李之间的劳动合同。

之后，小李申请仲裁，要求公司支付赔偿金 5 万余元。

问题：小李的仲裁请求是否应当得到支持？

3. 周某与某建筑公司于 2017 年 2 月 9 日签订《全日制劳动合同书》，约定劳动合同期限自 2017 年 2 月 9 日起至 2027 年 2 月 8 日止。当日，双方又签订《二级建造师聘用合同书》一份，约定某建筑公司为发展需要使用周某的二级建造师证书，合同期限内年度使用费为 9 000 元。

合同签订后，周某未至某建筑公司处工作，某建筑公司亦未按劳动合同的约定向周某支付报酬，仅支付了 2017 年、2018 年、2019 年、2020 年的证书使用费用，并自 2019 年 8 月起为周某缴纳社会保险至 2020 年 3 月。

周某遂申请劳动仲裁，请求某建筑公司支付劳动报酬。

问题：周某的仲裁请求是否应当得到支持？

能力训练

全班同学分为 2～3 组，由教师提供劳动纠纷案例，学生分组模拟劳动争议仲裁，教师根据学生对劳动合同法律制度的掌握程度和学生在模拟训练中的表现，给出相应评分。

模块三　经济主体法

学习目标

◆ 知识目标

- 了解经济活动主体和经济法主体、合伙企业、公司的基本概念
- 了解个人独资企业和合伙企业的设立、财产、事务执行、解散和清算等法律规定
- 掌握普通合伙人和有限合伙人在权利和义务方面的不同
- 掌握公司法法律制度的应用

◆ 能力目标

- 能够区分不同类型的企业
- 能够运用公司设立、公司内部治理、股东权利与义务等公司法律制度解决实践问题

◆ 素质目标

- 了解企业法、公司内涵等，提升创业能力，明确未来从事的行业性质
- 熟悉法律法规知识，成为有理想、守道德、有较好合作共事与交往沟通能力的高素质实用型人才

关键词

有限责任公司　股份有限公司　合伙企业　个人独资企业

学习重点

企业的类型与设立条件；公司法；合伙企业法；个人独资企业法等基本法律制度

学习难点

公司的设立；股东会；董事会；监事会的职权；合伙企业的损益分配

导入案例

甲科技公司股东为丁某、马某，注册资本3 000万元，出资期限为2035年，出资方式为货币出资，实缴500万元。2020年，张某向甲科技公司购买设备并支付货款，后因设备未验收合格，张某起诉甲科技公司请求解除合同、返还货款，法院于2021年判决支持张某诉讼请求。后张某申请法院强制执行，未获清偿。

该案判决作出后，甲科技公司召开股东会，将尚未缴纳的2 500万元注册资本的出资方式变更为非专利技术出资，并登记为实缴出资。张某以丁某、马某在诉讼期间变更出资方式，虚假出资为由，要求丁某、马某在未缴出资范围内对公司债务承担补充赔偿责任。法院查明，上述非专利技术的出资报告存在明显瑕疵，且评估机构曾因评估报告批量造假被行政机关处罚。

经济法主体是一个范围较广的基础性概念，指经济活动中享受权利、承担义务，具有主体资格的个人或者组织，包括国家机关、企业、事业单位、社会团体、个体工商户、农村承包经营户、公民等。公司是构成经济法律关系的重要主体之一，本案例中，甲科技公司的股东能否将出资方式由现金出资变更为知识产权出资？两股东是否应当对公司债务承担补充赔偿责任？要回答这些问题，必须学习以下相关知识。

项目六　公司基本法律制度

任务一　初步了解公司法律制度

基本知识

公司是社会经济组织中最重要的一种企业形式，对其行为的规范尤为重要。《中华人民共和国公司法》（以下简称《公司法》）是建立社会主义市场经济体制的一部重要法律，它的制定和实施，对于规范公司的组织和行为，保护公司、股东和债权人的合法权益，维护社会经济秩序，促进社会主义市场经济的发展具有举足轻重的作用。

我国《公司法》第2条规定："本法所称公司，是指依照本法在中华人民共和国境内设立的有限责任公司和股份有限公司。"这条规定强调了两点：一是公司的设立必须是在中华人民共和国境内；二是我国公司的类型包括有限责任公司和股份有限公司两类。

什么是公司？

一、公司的特征

（一）公司具有法人资格

公司有独立的法人财产，享有法人财产权，以其全部财产对公司的债务承担责任。股东一旦将财产投入公司，便丧失了对该财产直接支配的权利，只享有公司的股权，由公司享有对该财产支配的权利，即法人财产权，这既是公司作为法人对外承担责任的基础，也是公司对股东履行责任的基础。

（二）公司以营利为目的

投资人出资设立公司的目的是从公司经营中取得利润，公司设立的宗旨是通过各种生产经营活动向社会提供产品或服务，满足社会各种需求并获得利润，向股东分配红利。公司本身为营利而活动，而且要求公司应当将利润分配给投资人。

（三）公司的股东承担有限责任

我国《公司法》第 4 条第 1 款规定：“有限责任公司的股东以其认缴的出资额为限对公司承担责任；股份有限公司的股东以其认购的股份为限对公司承担责任。”这包括以下两层意思：

（1）公司的债权人一般情况下不得向公司股东求偿，股东仅以其出资额为限对公司承担责任，而不对公司债权人直接负责。但为了防止股东滥用有限责任，我国《公司法》同时规定了“公司法人人格否认”制度。

（2）有限责任公司以其全部资产对公司的债务承担责任。当公司的债务超过其全部资产时，以公司资产为限偿债。

二、公司的分类

（一）按公司股东的责任范围的不同分类

根据公司股东的责任范围的不同，公司可以划分为五类：（1）无限公司。（2）有限责任公司。（3）两合公司。（4）股份有限公司。（5）股份两合公司。

（二）按公司国籍的不同分类

根据公司国籍的不同，公司可以划分为本国公司、外国公司和跨国公司。

（三）按公司在控制与被控制关系中所处地位的不同分类

根据公司在控制与被控制关系中所处地位的不同，公司可以划分为母公司和子公司。母公司是指拥有其他公司一定数额的股份或根据协议能够控制、支配其他公司的人事、财务、业务等事项的公司。子公司具有独立法人资格，拥有自己所有的财产，自己的公司名称、章程和董事会，对外独立开展业务和承担责任。但涉及公司利益的重大决策或重大人事安排，仍要由母公司决定。

（四）按公司在管辖与被管辖关系中所处地位的不同分类

根据公司在管辖与被管辖关系中所处地位的不同，公司可以分为总公司和分公司。总公司是指依法设立并管辖公司全部组织的具有企业法人资格的总机构。分公司是指在业务、资金、人事等方面受总公司管辖而不具有法人资格的分支机构。分公司不具有企业法人资格，其民事责任由总公司承担。

三、公司法的概念及主要特征

公司法是规定公司的设置、组织、活动、解散及其对内对外关系，规范公司的组织和行为，保护公司、股东和债权人的合法权益，维护社会经济秩序，促进社会主义市场经济发展的法律规范的总称。1993 年 12 月 29 日，第八届全国人民代表大会常务委员会第五次会议通过了《中华人民共和国公司法》，该法于 1999 年、2004 年、2005 年、2013 年、2018 年、2023 年作了修正或修订。

从公司法的体例上看，公司法是一种实体法与程序法相结合的法律。公司法既有公司组织和行为中的实体权利义务的规定，也有大量的程序法性质规定。因此，公司法既是实体法，又是程序法。

任务二　熟知有限责任公司法律制度

基本知识

如何设立有限责任公司？

一、有限责任公司的设立

设立有限责任公司应当具备的条件如表 3-1 所示。

表 3-1　设立有限责任公司应当具备的条件

条件	具体规定
股东符合法定人数	1 个以上 50 个以下股东。
股东共同制定公司章程	内容包括：公司名称和住所；公司经营范围；公司注册资本；股东的姓名或者名称；股东的出资额、出资方式和出资日期；公司的机构及其产生办法、职权、议事规则；公司法定代表人的产生、变更办法。
符合公司章程规定的全体股东认缴的出资额	（1）股东可以用货币出资，也可以用实物、知识产权、土地使用权、股权、债权等可以用货币估价并可以依法转让的非货币财产作价出资，法律、行政法规规定不得作为出资的财产除外。 （2）股东以货币出资的，应当将货币出资足额存入公司的账户；以非货币财产出资的，应当依法办理其财产权的转移手续。 （3）全体股东认缴的出资额由股东按照公司章程的规定自公司成立之日起 5 年内缴足。

续表

条件	具体规定
公司名称	（1）公司名称由行政区划名称、字号、行业或者经营特点、组织形式组成。跨省、自治区、直辖市经营的企业，其名称可以不含行政区划名称；跨行业综合经营的企业，其名称可以不含行业或者经营特点。 （2）有限责任公司应当在公司名称中标明有限责任公司或者有限公司字样。
公司住所	公司的住所是公司主要办事机构所在地，经公司登记机关登记的公司的住所只能有一个。

提示：

股东未按期足额缴纳出资的，除应当向公司足额缴纳外，还应当对给公司造成的损失承担赔偿责任。

公司设立时，股东未按照公司章程规定实际缴纳出资，或者实际出资的非货币财产的实际价额显著低于所认缴的出资额的，设立时的其他股东与该股东在出资不足的范围内承担连带责任。

公司成立后，股东不得抽逃出资，否则不仅要返还抽逃的出资，如果给公司造成损失，负有责任的董事、监事、高级管理人员应当与该股东承担连带赔偿责任。

二、股权的取得

有限责任公司成立后，应当向股东签发出资证明书。

出资证明书应当载明下列事项：公司名称；公司成立日期；公司注册资本；股东的姓名或者名称、认缴和实缴的出资额、出资方式和出资日期；出资证明书的编号和核发日期。

出资证明书由法定代表人签名，并由公司盖章。

有限责任公司的组织机构有哪些？

三、组织机构

（一）股东会

股东会是公司的权力机构，由全体股东组成，只有一个股东的有限责任公司不设股东会。股东会的具体规定如表 3-2 所示。

表 3-2　股东会的具体规定

项目	具体规定
股东会的职权	（1）选举和更换董事、监事，决定有关董事、监事的报酬事项；（2）审议批准董事会的报告；（3）审议批准监事会的报告；（4）审议批准公司的利润分配方案和弥补亏损方案；（5）对公司增加或者减少注册资本作出决议；（6）对发行公司债券作出决议；（7）对公司合并、分立、解散、清算或者变更公司形式作出决议；（8）修改公司章程；（9）公司章程规定的其他职权。

续表

项目	具体规定
股东会会议	（1）按照公司章程的规定定期召开股东会会议，代表 1/10 以上表决权的股东、1/3 以上的董事或者监事会提议召开临时会议的，应当召开临时会议；（2）召开股东会会议，应当于会议召开 15 日前通知全体股东。
股东会的议事方式	（1）股东会作出决议，应当经代表过半数表决权的股东通过；（2）股东会作出修改公司章程、增加或者减少注册资本的决议，以及公司合并、分立、解散或者变更公司形式的决议，应当经代表 2/3 以上表决权的股东通过。

（二）董事会

有限责任公司设董事会，公司规模较小或者股东人数较少的，可以不设董事会，设一名董事。董事会的具体规定如表 3–3 所示。

表 3–3　董事会的具体规定

项目	具体规定
董事会的职权	（1）召集股东会会议，并向股东会报告工作；（2）执行股东会决议；（3）决定公司的经营计划和投资方案；（4）制订公司的利润分配方案和弥补亏损方案；（5）制订公司增加、减少注册资本、发行公司债券的方案；（6）制订公司合并、分立、解散或者变更公司形式的方案；（7）决定公司内部管理机构的设置；（8）决定聘任或者解聘公司经理及其报酬事项，并根据经理的提名决定聘任或者解聘公司副经理、财务负责人及其报酬事项；（9）制定公司的基本管理制度；（10）公司章程规定或者股东会授予的其他职权。
董事会成员及任期	3 人以上，对于职工人数 300 人以上的公司，成员中应当有职工代表。
	董事每届任期不得超过 3 年，任期届满，连选可以连任。
董事会的议事规则	（1）董事会会议应当有过半数的董事出席方可举行；（2）董事会作出决议，应当经全体董事的过半数通过。董事会决议的表决，应当一人一票。

（三）监事会

有限责任公司设监事会，例外情况包括：

（1）如果公司按照公司章程规定在董事会中设置由董事组成的审计委员会，行使《公司法》规定的监事会的职权，不设监事会或者监事。

（2）规模较小或者股东人数较少的有限责任公司，可以不设监事会，设一名监事，行使《公司法》规定的监事会的职权；经全体股东一致同意，也可以不设监事。

监事会的具体规定如表 3–4 所示。

表 3-4　监事会的具体规定

项目	具体规定
监事会的职权	检查公司财务；对董事、高级管理人员执行职务的行为进行监督，对违反法律、行政法规、公司章程或者股东会决议的董事、高级管理人员提出解任的建议；当董事、高级管理人员的行为损害公司的利益时，要求董事、高级管理人员予以纠正；提议召开临时股东会会议，在董事会不履行《公司法》规定的召集和主持股东会会议职责时召集和主持股东会会议；向股东会会议提出提案；如果董事、高级管理人员执行职务违反法律、行政法规或者公司章程的规定，给公司造成损失的，提起诉讼；公司章程规定的其他职权。
监事会成员及任期	成员为 3 人以上，应包括股东代表和适当比例的公司职工代表；董事、高级管理人员不得兼任监事；任期每届为 3 年，监事任期届满，连选可以连任。
监事会的议事规则	每年度至少召开一次会议，监事可以提议召开临时监事会会议；监事会决议，应当一人一票，并经全体监事的过半数通过。

四、股权转让

有限责任公司股权转让通常有以下三种情形：

（1）转让给其他股东：股东之间可以相互转让其全部或者部分股权。

（2）转让给股东以外的人：应当将股权转让的数量、价格、支付方式和期限等事项书面通知其他股东，其他股东在同等条件下有优先购买权。股东自接到书面通知之日起 30 日内未答复的，视为放弃优先购买权。两个以上股东行使优先购买权的，协商确定各自的购买比例；协商不成的，按照转让时各自的出资比例行使优先购买权。

以上两种情形，如果公司章程另有规定的，从其规定。

（3）人民法院依照法律规定的强制执行程序转让股东的股权：应当通知公司及全体股东，其他股东在同等条件下有优先购买权。其他股东自人民法院通知之日起满 20 日不行使优先购买权的，视为放弃优先购买权。

任务实训

2022 年 10 月，私募股权投资基金“天翼资本”拟对甲有限责任公司（以下简称“甲公司”）进行股权投资。天翼资本调查发现，甲公司成立于 2016 年 2 月，注册资本为 2 000 万元；有自然人股东甲、乙和法人股东 A 公司。A 公司以现金 200 万元和 500m^2 办公用房作价 1 200 万元出资；A 公司首期缴付了 200 万元现金，办公用房于 2016 年 6 月交付甲公司使用，但一直未办理过户手续；按照股东协议的约定，A 公司应于 2016 年 6 月底之前缴付全部出资。基于上述事实，天翼资本认为，甲公司的实物出资义务尚未履行完毕。

实训步骤：

1. 以小组为单位分析讨论：天翼资本认为 A 公司的实物出资义务未履行完毕

的观点是否成立？

2. 各小组进行交流、互评。

任务三　掌握股份有限公司法律制度

基本知识

一、股份有限公司的设立

股份有限公司的设立，可以采取发起设立或者募集设立的方式。发起设立，是指由发起人认购设立公司时应发行的全部股份而设立公司。募集设立，是指由发起人认购设立公司时应发行股份的一部分，其余股份向特定对象募集或者向社会公开募集而设立公司。设立股份有限公司应当具备的条件如表 3-5 所示。

如何设立股份有限公司？

表 3-5　设立股份有限公司应当具备的条件

条件	具体规定
发起人符合法定资格	有 1 人以上 200 人以下的发起人；半数以上的发起人在中华人民共和国境内有住所。
发起人共同制定公司章程	内容包括：公司名称和住所；公司经营范围；公司设立方式；公司注册资本、已发行的股份数和设立时发行的股份数，面额股的每股金额；发行类别股的，每一类别股的股份数及其权利和义务；发起人的姓名或者名称、认购的股份数、出资方式；董事会的组成、职权和议事规则；公司法定代表人的产生、变更办法；监事会的组成、职权和议事规则；公司利润分配办法；公司的解散事由与清算办法；公司的通知和公告办法；股东会认为需要规定的其他事项。
全体发起人认购的股本总额或者募集的实收股本总额	（1）股份有限公司的注册资本为在公司登记机关登记的已发行股份的股本总额。在发起人认购的股份缴足前，不得向他人募集股份。 （2）以发起设立方式设立股份有限公司的，发起人应当认足公司章程规定的公司设立时应发行的股份。 （3）以募集设立方式设立股份有限公司的，发起人认购的股份不得少于公司章程规定的公司设立时应发行股份总数的 35%；但是，法律、行政法规另有规定的，从其规定。
股份发行、筹办事项符合法律规定	（1）发起人向社会公开募集股份，应当公告招股说明书，并制作认股书。 （2）向社会公开募集股份的股款缴足后，应当经依法设立的验资机构验资并出具证明。 （3）募集设立股份有限公司的发起人应当自公司设立时应发行股份的股款缴足之日起 30 日内召开公司成立大会。
公司名称及组织机构	有公司名称，建立符合股份有限公司要求的组织机构。

提示：

发起人不按照其认购的股份缴纳股款，或者作为出资的非货币财产的实际价额显著低于所认购的股份的，其他发起人与该发起人在出资不足的范围内承担连带责任。

二、股份有限公司的组织机构

（一）股东会

股东会是公司的权力机构，依法行使职权。股东会应当每年召开一次年会。有下列情形之一的，应当在两个月内召开临时股东会会议：

（1）董事人数不足《公司法》规定人数或者公司章程所定人数的 2/3 时。

（2）公司未弥补的亏损达股本总额 1/3 时。

（3）单独或者合计持有公司 10% 以上股份的股东请求时。

（4）董事会认为必要时。

（5）监事会提议召开时。

（6）公司章程规定的其他情形。

召开股东会会议，应当将会议召开的时间、地点和审议的事项于会议召开 20 日前通知各股东；临时股东会会议应当于会议召开 15 日前通知各股东。公开发行股份的公司，应当将通知予以公告。对通知中未列明的事项，股东会不得作出决议。

股东出席股东会会议，所持每一股份有一表决权，类别股股东除外。但是，公司持有的本公司股份没有表决权。股东会作出决议，应当经出席会议的股东所持表决权过半数通过。但是，修改公司章程、增加或者减少注册资本的决议，以及公司合并、分立、解散或者变更公司形式的决议，应当经出席会议的股东所持表决权的 2/3 以上通过。

（二）董事会

股份有限公司设董事会，规模较小或者股东人数较少的公司，可以不设董事会，设一名董事，行使董事会的职权，该董事可以兼任公司经理。董事任期由公司章程规定，但每届任期不得超过 3 年，任期届满，连选可以连任。

董事会可以决定聘任或者解聘经理，董事会决定由董事会成员兼任经理。经理对董事会负责，根据公司章程的规定或者董事会的授权行使职权。经理列席董事会会议。

（三）监事会

股份有限公司设监事会，其成员不得少于 3 人。规模较小或者股东人数较少的股份有限公司，可以不设监事会，设一名监事，行使《公司法》规定的监事会的职权。

提示：

上市公司（股票在证券交易所上市交易的股份有限公司）的特别规定：

（1）上市公司特别事项的通过。上市公司在一年内购买、出售重大资产或者担保金额超过公司资产总额 30% 的，应当由股东会作出决议，并经出席会议的股东所持表决权的 2/3 以上通过。

（2）上市公司设独立董事、董事会秘书。

（3）上市公司董事与董事会会议决议事项所涉及的企业或者个人有关联关系的，该董事应当及时向董事会书面报告。有关联关系的董事不得对该项决议行使表决权，也不得代理其他董事行使表决权。该董事会会议由过半数的无关联关系董事出席即可举行，董事会会议所作决议须经无关联关系董事过半数通过。出席董事会会议的无关联关系董事人数不足 3 人的，应当将该事项提交上市公司股东会审议。

三、股份发行

公司的资本划分为股份。公司的全部股份，根据公司章程的规定择一采用面额股或者无面额股。采用面额股的，每一股的金额相等。无面额股是在票面上不记载金额，只注明股份数量或占总股本比例的股票，例如票面上标明的是“1 股”、“10 股”或“万分之一股”等。采用无面额股的，应当将发行股份所得股款的 1/2 以上计入注册资本。

股份的发行，实行公平、公正的原则，同类别的每一股份应当具有同等权利。

同次发行的同类别股份，每股的发行条件和价格应当相同；认购人所认购的股份，每股应当支付相同价额。

除了普通股，公司可以按照公司章程的规定发行类别股：（1）优先或者劣后分配利润或者剩余财产的股份；（2）每一股的表决权数多于或者少于普通股的股份；（3）转让须经公司同意等转让受限的股份；（4）国务院规定的其他类别股。

公开发行股份的公司不得发行（2）和（3）规定的类别股，公开发行前已发行的除外。

四、股份转让

股东持有的股份可以向其他股东转让，也可以向股东以外的人转让。公司章程对股份转让有限制的，其转让按照公司章程的规定进行。股东转让其股份，应当在依法设立的证券交易场所进行或者按照国务院规定的其他方式进行。

这里着重介绍股份有限公司股份转让的限制性规定。

（1）对非公开发行股份转让的限制。公司公开发行股份前已发行的股份，自公司股票在证券交易所上市交易之日起 1 年内不得转让。

（2）公司董事、监事、高级管理人员应当向公司申报所持有的本公司的股份及其变动情况，在就任时确定的任职期间每年转让的股份不得超过其所持有本公司股份总数的 25%；所持本公司股份自公司股票上市交易之日起 1 年内不得转让。上述人员离职后半年内，不得转让其所持有的本公司股份。公司章程可以对公司董事、监事、高级管理人员转让其所持有的本公司股份作出其他限制性规定。

任务实训

甲、乙、丙、丁四人准备设立新兴房产股份有限公司。四人签署了一份设立股份公司的协议，其内容为：公司共有股东四人；公司为发起设立；公司注册资金为人民币400万元；全体发起人共认购公司30%的股份，计120万元，其余部分的股份拟向发起人的亲戚朋友发行。公司发起人的首次出资额为人民币50万元。公司由于规模不大，因而决定只设监事而不设监事会。

实训步骤：

1. 以小组为单位讨论：该投资协议是否有错误之处？请说明理由。

2. 各小组进行交流、互评。

五、公司董事、监事、高级管理人员的资格和义务

（一）公司董事、监事、高级管理人员的资格

《公司法》规定，有下列情形之一的，不得担任公司的董事、监事、高级管理人员：

（1）无民事行为能力或者限制民事行为能力。

（2）因贪污、贿赂、侵占财产、挪用财产或者破坏社会主义市场经济秩序，被判处刑罚，或者因犯罪被剥夺政治权利，执行期满未逾5年，被宣告缓刑的，自缓刑考验期满之日起未逾2年。

（3）担任破产清算的公司、企业的董事或者厂长、经理，对该公司、企业的破产负有个人责任的，自该公司、企业破产清算完结之日起未逾3年。

（4）担任因违法被吊销营业执照、责令关闭的公司、企业的法定代表人，并负有个人责任的，自该公司、企业被吊销营业执照、责令关闭之日起未逾3年。

（5）个人因所负数额较大债务到期未清偿被人民法院列为失信被执行人。

提示：

董事、监事、高级管理人员在任职期间出现以上情形的，公司应当解除其职务。

（二）公司董事、监事、高级管理人员的义务

公司董事、监事和高级管理人员作为公司的重要决策者和监督者，承担着重要的决定义务，具体如表3–6所示。

表3–6　公司董事、监事、高级管理人员的义务

积极义务	消极义务
遵守法律、行政法规和公司章程	执行公司职务时违反法律、行政法规或公司章程规定，给公司造成损失的，应承担赔偿责任。
忠实义务：应当采取措施避免自身利益与公司利益冲突，不得利用职权牟取不正当利益	不得违反忠实义务：（1）侵占公司财产、挪用公司资金。（2）将公司资金以其个人名义或者以其他个人名义开立账户存储。（3）利用职权贿赂或者收受其他非法收入。（4）接受他人与公司交易的佣金归为己有。（5）擅自披露公司秘密。

续表

积极义务	消极义务
勤勉义务：执行职务应当为公司的最大利益尽到管理者通常应有的合理注意	（1）不得利用职务便利为自己或者他人谋取属于公司的商业机会，除非：①向董事会或者股东会报告，并按照公司章程的规定经董事会或者股东会决议通过；②根据法律、行政法规或者公司章程的规定，公司不能利用该商业机会。 （2）未向董事会或者股东会报告，并按照公司章程的规定经董事会或者股东会决议通过，不得自营或为他人经营与其任职公司同类的业务。

任务实训

某股份有限公司于 2024 年 3 月 28 日召开董事会会议，会议召开情况及讨论的有关问题如下：

（1）公司董事会由 7 名董事组成。出席会议的董事有王某、张某、李某、陈某；董事何某、孙某、肖某因故不能出席会议，其中：孙某电话委托董事王某代为出席会议并表决，肖某委托董事会秘书杨某代为出席会议并表决。

（2）根据总经理提名，出席本次会议的董事讨论并一致同意，聘任顾某为公司财务负责人，并决定给予顾某年薪 10 万元；董事会会议讨论通过了公司内部机构设置的方案，表决时，董事张某反对，其他董事表示同意。

（3）该次董事会会议记录，由出席董事会会议的全体董事和列席会议的监事签名后存档。

实训步骤：

1. 以小组为单位分析讨论：

（1）出席董事会会议的董事人数是否符合规定？董事孙某、肖某委托他人出席董事会会议是否有效？

（2）董事会通过的两项决议是否符合规定？

（3）案例中关于会议记录有哪些不规范之处？

2. 各小组进行交流、互评。

项目七 合伙企业基本法律制度

任务一 认知普通合伙企业

基本知识

合伙企业，是指自然人、法人和非法人组织依照《中华人民共和国合伙企业法》（以下简称《合伙企业法》）在中国境内设立的普通合伙企业和有限合伙企业。普通合伙企业，是指由普通合伙人组成，除法律另有规定外，合伙人对合伙企业债务依法承担无限连带责任的合伙企业。

一、设立条件

（一）有符合法定要求的合伙人

根据我国《合伙企业法》第 14 条的规定，设立合伙企业，应当有两个以上合伙人。合伙人为自然人的，应当具有完全民事行为能力。

国有独资公司、国有企业、上市公司以及公益性的事业单位、社会团体不得成为普通合伙人。

（二）有书面合伙协议

合伙协议依法由全体合伙人协商一致，以书面形式订立。合伙协议经全体合伙人签名、盖章后生效。合伙协议应当载明下列事项：合伙企业的名称和主要经营场所的地点；合伙目的和合伙经营范围；合伙人的姓名或者名称、住所；合伙人的出资方式、数额和缴付期限；利润分配、亏损分担方式；合伙事务的执行；入伙与退伙；争议解决办法；合伙企业的解散与清算；违约责任。

合伙人按照合伙协议享有权利，履行义务。修改或者补充合伙协议，应当经全体合伙人一致同意，但合伙协议另有约定的除外。

（三）有合伙人认缴或者实际缴付的出资

合伙人可以用货币、实物、知识产权、土地使用权或者其他财产权利出资，也可以用劳务出资。合伙人以非货币财产出资，需要评估作价的，可以由全体合伙人协商确定，也可以由全体合伙人委托法定评估机构评估。合伙人以劳务出资的，其评估办法由全体合伙人协商确定，并在合伙协议中载明。以非货币财产出资的，依照法律、行政法规的规定，需要办理财产权转移手续的，应当依法办理。

（四）有合伙企业的名称和生产经营场所

普通合伙企业名称中应当标明“普通合伙”字样。

（五）办理设立登记

合伙企业的营业执照签发日期，为合伙企业成立日期。

任务实训

甲、乙、丙拟设立一普通合伙企业，并订立了一份合伙协议，部分内容如下：（1）甲的出资为现金1 000元和劳务作价5万元。（2）乙的出资为现金5万元，于合伙企业成立后半年内缴付。（3）丙的出资为作价8万元的房屋一栋，不办理财产权转移手续，且丙保留对该房屋的处分权。（4）合伙企业的经营期限，于合伙企业成立满1年时再协商确定。

实训步骤：

1. 小组分析讨论：该协议的上述四项内容是否符合《合伙企业法》的规定？
2. 各小组进行交流、互评。

二、合伙事务的执行

合伙人对执行合伙事务享有同等的权利。按照合伙协议的约定或者经全体合伙决定，可以委托一个或者数个合伙人对外代表合伙企业，执行合伙事务。但并非所有的合伙事务都可以委托给执行事务合伙人决定，相关法律规定如表3–7所示。

表3–7　合伙事务执行的法律规定

项目	具体法律规定
应当经全体合伙人一致同意的事项（合伙协议另有约定的除外）	（1）改变合伙企业的名称。 （2）改变合伙企业的经营范围、主要经营场所的地点。 （3）处分合伙企业的不动产。 （4）转让或者处分合伙企业的知识产权和其他财产权利。 （5）以合伙企业名义为他人提供担保。 （6）聘任合伙人以外的人担任合伙企业的经营管理人员。
合伙人的权利	（1）执行合伙事务的合伙人对外代表合伙企业，其他合伙人有权监督合伙事务执行情况。 （2）有权查阅合伙企业会计账簿等财务资料。 （3）异议权。

续表

项目	具体法律规定
合伙人的义务	（1）执行事务合伙人应当定期向其他合伙人报告事务执行情况以及合伙企业的经营和财务状况。 （2）合伙人不得自营或者同他人合作经营与本合伙企业相竞争的业务。 （3）除合伙协议另有约定或者经全体合伙人一致同意外，合伙人不得同本合伙企业进行交易。 （4）合伙人不得从事损害本合伙企业利益的活动。
合伙企业的损益分配	按照合伙协议的约定办理，合伙协议未约定或者约定不明确的，由合伙人协商决定；协商不成的，由合伙人按照实缴出资比例分配、分担；无法确定出资比例的，由合伙人平均分配、分担。 注意：合伙协议不得约定将全部利润分配给部分合伙人或者由部分合伙人承担全部亏损。

三、合伙企业债务和合伙人个人债务的清偿

合伙企业债务是指因合伙事务引发的债务。合伙人个人债务是因合伙人个人私事引发的债务，与合伙事务无关。

合伙企业债务与合伙人个人债务的法律后果如表 3–8 所示。

表 3–8　合伙企业债务与合伙人个人债务的法律后果

合伙企业债务的法律后果	合伙人个人债务的法律后果
（1）以合伙企业全部财产进行清偿。 （2）合伙企业不能清偿到期债务的，合伙人承担无限连带责任。 （3）合伙人由于承担无限连带责任，清偿数额超过合伙协议规定或合伙人协商确定的亏损分担比例的，有权向其他合伙人追偿。 注意：合伙人之间约定的分担比例对债权人没有约束力。	（1）合伙人的自有财产不足清偿其与合伙企业无关的债务的，该合伙人可以以其从合伙企业分取的收益用于清偿。债权人也可以依法请求法院强制执行该合伙人在合伙企业中的财产份额用于清偿。 （2）人民法院强制执行普通合伙人的财产份额时，应当通知全体合伙人，其他合伙人有优先购买权；其他合伙人未购买，又不同意将该财产份额转让给他人的，应当为该合伙人办理退伙结算，或者办理削减该合伙人相应财产份额的结算。

任务实训

某合伙企业合伙人甲因个人购房，向非合伙人乙借款 2 万元，而乙曾与该合伙企业签订了一份买卖合同，还欠该合伙企业货款 3 万元。当该合伙企业向乙催要货款时，乙提出因甲欠其 2 万元，所以他只需付合伙企业 1 万元即可。

实训步骤：

1. 小组分析讨论：乙的说法是否正确？
2. 各小组进行交流、互评。

四、入伙

入伙是指合伙企业吸收新的合伙人。新合伙人入伙，除合伙协议另有约定外，应当经全体合伙人一致同意，并依法订立书面入伙协议。

订立入伙协议时，原合伙人应当向新合伙人如实告知原合伙企业的经营状况和财务状况。入伙的新合伙人与原合伙人享有同等权利，承担同等责任。入伙协议另有约定的，从其约定。新合伙人对入伙前合伙企业的债务承担无限连带责任。

五、退伙

退伙是指在合伙企业存续期间合伙人退出合伙企业并使其合伙人资格归于消灭的法律行为。不同类型的退伙如表 3–9 所示。

表 3–9　不同类型的退伙

退伙类型	退伙要件	备注
自愿退伙	合伙协议约定合伙期限的，在合伙企业存续期间，有下列情形之一的，合伙人可以退伙：（1）合伙协议约定的退伙事由出现；（2）经全体合伙人一致同意；（3）发生合伙人难以继续参加合伙的事由；（4）其他合伙人严重违反合伙协议约定的义务。 合伙协议未约定合伙期限的，合伙人在不给合伙企业事务执行造成不利影响的情况下，可以退伙，但应当提前 30 日通知其他合伙人。	退伙结算：按照退伙时的合伙企业财产状况进行结算，退还退伙人的财产份额。 退还办法由合伙协议约定或全体合伙人决定，可以退还货币，也可以退还实物。 退伙人对基于其退伙前的原因发生的合伙企业债务，承担无限连带责任。
法定退伙	（1）作为合伙人的自然人死亡或者被依法宣告死亡。 （2）个人丧失偿债能力。 （3）作为合伙人的法人或者非法人组织依法被吊销营业执照、责令关闭、撤销，或者被宣告破产。 （4）法律规定或者合伙协议约定合伙人必须具有相关资格而丧失该资格。 （5）合伙人在合伙企业中的全部财产份额被人民法院强制执行。	

续表

退伙类型	退伙要件	备注
法定退伙	注意： （1）合伙人被依法认定为无民事行为能力人或者限制民事行为能力人的，经其他合伙人一致同意，可以依法转为有限合伙人，普通合伙企业依法转为有限合伙企业。其他合伙人未能一致同意的，该无民事行为能力或者限制民事行为能力的合伙人退伙。 （2）退伙事由实际发生之日为退伙生效日。	
除名退伙	有下列情形之一的，经其他合伙人一致同意，可以决议将其除名： （1）未履行出资义务。 （2）因故意或者重大过失给合伙企业造成损失。 （3）执行合伙事务时有不正当行为。 （4）发生合伙协议约定的事由。 注意： （1）对合伙人的除名决议应当书面通知被除名人。被除名人接到除名通知之日，除名生效，被除名人退伙。 （2）被除名人对除名决议有异议的，可以自接到除名通知之日起30日内，向人民法院起诉。	

六、合伙企业的解散与清算

合伙企业的解散和清算

合伙企业的解散是指因某些法律事实的发生而使合伙归于消灭的行为。根据《合伙企业法》的规定，合伙企业有下列情形之一的，应当解散：

（1）合伙期限届满，合伙人决定不再经营。

（2）合伙协议约定的解散事由出现。

（3）全体合伙人决定解散。如果一部分合伙人同意解散合伙，而另一部分合伙人不同意，则合伙不解散，由同意解散的合伙人退伙，合伙企业继续存在。

（4）合伙人已不具备法定人数满30天。

（5）合伙协议约定的合伙目的已经实现或者无法实现。

（6）依法被吊销营业执照、责令关闭或者被撤销。

合伙企业解散，应当由清算人按照以下程序进行清算：确定清算人→通知和公告债权人以及申报债权的时间→清算人执行清算事务→依序清偿。

清算期间，合伙企业存续，但不得开展与清算无关的经营活动。

合伙企业财产首先用于支付清算费用，之后按如下顺序清偿：

（1）合伙企业所欠职工工资、社会保险费用和法定补偿金。

（2）企业所欠税款。

（3）企业债务。

（4）返还合伙人的出资。

合伙企业在按上述顺序清偿后还有剩余财产的，按照合伙企业既定的利润分配比例进行分配。

任务实训

魏某于2022年登记注册成立个人独资企业联达厂，并领取了营业执照。2023年，蒋某、王某、祝某也想加入该企业，魏某同意，四人签订了一份合伙合同，约定：合伙人魏某原独资经营的联达厂因扩建、改建需追加投资，现有四人共同出资、合伙经营，变更为合伙企业，魏某以厂房和土地使用权作价15万元出资，蒋某、王某、祝某根据实际建房和购买社保需要出资，合伙后的企业名称仍为联达厂，原来的营业执照归合伙企业所有，魏某不得再单独使用该营业执照，四人各占25%的份额；合伙企业债务先由合伙财产偿还，合伙财产不足清偿时，由各合伙人共同承担。合伙企业由魏某负责生产及工人的管理，蒋某负责对外开展业务，对合伙企业进行日常管理和产品销售，王某负责财务，祝某负责采购。

2024年3月，联达厂与甲公司签订一份购销合同，约定联达厂向甲公司购买焦炭2 000吨，单价为1 200元/吨，收到货后一周内结清货款。此后，联达厂支付了部分货款，尚欠120万元。甲公司向法院起诉，请求判令魏某、蒋某、王某、祝某四人共同给付拖欠货款。

实训步骤：

1. 小组讨论：联达厂是否属于合伙企业？魏某、蒋某、王某、祝某四人是否应当对联达厂的债务承担连带清偿责任？

2. 各小组进行交流、互评。

任务二　认知有限合伙企业

基本知识

有限合伙企业，是指由有限合伙人和普通合伙人共同组成，普通合伙人对合伙企业债务承担无限连带责任，有限合伙人以其认缴的出资额为限对合伙企业债务承担责任的合伙组织。有限合伙企业这一组织形式有利于调动各方的投资热情，实现投资者与创业者的最佳组合。

《合伙企业法》中对有限合伙企业有一些特殊规定，具体如表3-10所示。

表 3-10 有限合伙企业的特殊规定

项目	特殊规定
合伙人	至少应有 1 个普通合伙人。有限合伙企业仅剩有限合伙人的，应当解散；仅剩普通合伙人的，应当转为普通合伙企业。
企业名称	名称中应当标明“有限合伙”字样。
出资	有限合伙人不得以劳务出资。
合伙事务的执行	有限合伙人不得执行合伙事务，不得对外代表企业。
企业利润分配	不得将全部利润分配给部分合伙人，合伙协议另有约定的除外。
有限合伙人权利	除非合伙协议另有约定，有限合伙人可以同本有限合伙企业进行交易，可以自营或者同他人合作经营与本有限合伙企业相竞争的业务，可以将其在有限合伙企业中的财产份额出质。
入伙	对入伙前有限合伙企业的债务，新入伙的有限合伙人以其认缴的出资额为限承担责任。
退伙	（1）作为有限合伙人的自然人丧失民事行为能力的，其他合伙人不得因此要求其退伙。 （2）作为有限合伙人的自然人死亡、被依法宣告死亡或者作为有限合伙人的法人及其他组织终止时，其继承人或者权利承受人可以依法取得该有限合伙人在有限合伙企业中的资格。 （3）有限合伙人退伙后，对基于其退伙前的原因发生的企业债务，以其退伙时从企业中取回的财产承担责任。
合伙人性质转变	除合伙协议另有约定外，普通合伙人转变为有限合伙人，或者有限合伙人转变为普通合伙人，应当经全体合伙人一致同意。

除了普通合伙企业和有限合伙企业，以专业知识和专门技能为客户提供有偿服务的专业服务机构，可以设立为特殊的普通合伙企业，企业名称中应当标明“特殊普通合伙”字样。合伙人在执业活动中非因故意或者重大过失造成的合伙企业债务以及合伙企业的其他债务，由全体合伙人承担无限连带责任。

合伙人在执业活动中因故意或者重大过失造成合伙企业债务的，应当承担无限责任或者无限连带责任，其他合伙人以其在合伙企业中的财产份额为限承担责任，这种情况下，以合伙企业财产对外承担责任后，该合伙人应当按照合伙协议的约定对给合伙企业造成的损失承担赔偿责任。

任务实训

孙某、于某、廖某欲合伙从事茶叶销售业务，经商量达成一致意见，已在合伙协议书上签名、盖章后，寻找经营场地、置办设施，并将该合伙企业取名为松竹梅有限责任公司。2 年后，廖某因该合伙企业经营状况不佳，故决定退出该合伙企业，并按规定通知了孙某与于某，在此期间，孙某以该合伙企业名义与新林玉露公司签订了代销信阳毛尖的合同。

鲁某认为自己有经营管理经验，要求加入该合伙企业，提出只负责销售，并须给其一定的利润提成，其他合伙人口头表示认可，从此鲁某便以该合伙企业的名义到处活动。廖某在办理退伙事宜时，因合伙企业与新林玉露公司代销信阳毛尖的合同刚签订不久，故未将此合同有关事宜进行结算，廖某退伙后，即去外地经商，该合伙企业在后来的经营过程中，因违法经营问题严重，被市场监管部门依法吊销营业执照，导致该合伙企业解散。新林玉露公司得知该合伙企业解散的消息后，即向法院起诉，请求该合伙企业偿还其代销信阳毛尖的款项。

实训步骤：

1. 根据以上材料，以小组为单位进行分析讨论：

（1）该合伙企业名称是否合法？为什么？

（2）廖某对合伙企业的债务是否还应承担责任？为什么？

（3）在该案的诉讼活动中，鲁某可否被列为被告？为什么？

（4）假如孙某、于某、廖某在合伙协议书中约定对合伙企业事务作出决议时，不论各投资的份额大小，均实行一人一票的表决办法。该约定是否符合法律规定？

（5）假如孙某、于某、廖某决定由孙某一人负责执行合伙企业事务，则于某、廖某对合伙企业经营活动享有哪些权利？

2. 各小组进行交流、互评。

项目八 个人独资企业法律制度

任务一 了解个人独资企业的特点

基本知识

个人独资企业是一种最古老的企业组织形式，它产生于商品经济初期，并发展延续至今。在现代市场经济中，个人独资企业以投资少、设立简便、经营管理方式灵活等特点而富有生命力，受到投资者的欢迎。

一个人创业，可以设立什么类型的企业？

一、个人独资企业的含义和特征

个人独资企业，是指依照《中华人民共和国个人独资企业法》（以下简称《个人独资企业法》）在中国境内设立，由一个自然人投资，财产为投资人个人所有，投资人以其个人财产对企业债务承担无限责任的经营实体。

作为一种企业形态，个人独资企业具有以下特征：

（1）个人独资企业由一个自然人投资。

（2）个人独资企业的投资人对企业的债务承担无限责任。当企业的资产不足以清偿到期债务时，投资人应以自己个人的全部财产用于清偿。

（3）个人独资企业的内部机构设置简单，经营管理方式灵活。

（4）个人独资企业是非法人企业。作为独立的民事主体，个人独资企业可以以自己的名义从事民事活动。

二、个人独资企业与个体工商户的区别

（一）投资主体不同

个人独资企业是指一个自然人投资，全部资产为该投资人所有的经济组织，需要有固定的生产经营场所和合法的企业名称。个体工商户则是公民在法律允许的范围内，从事工商业经营的家庭或户，投资者和经营者是同一人，通常规模较小，经营活动简单。

（二）法律地位不同

个人独资企业是一种非公司商业组织，是经营实体，是一种企业组织形态。个体工商户没有独立的法人资格，其法律责任由经营者个人承担，经营者的权利和义务与个体工商户不可分割。

（三）承担责任的财产范围不同

个人独资企业的出资人一般情况下仅以其个人财产对企业承担无限责任，只有在企业

登记时明确以家庭共有财产作为出资的，才以家庭共有财产对企业承担无限责任、而个体工商户的债务如属个人经营的，以个人财产承担，家庭经营的，以家庭财产承担。

（四）税收政策不同

个人独资企业和个体工商户虽然都是个人所得税纳税主体，但具体的税收政策优惠程度可能会根据不同地区和行业的具体情况有所不同。

三、个人独资企业的设立

设立个人独资企业应当具备下列条件：

（1）投资人为一个自然人。

（2）有合法的企业名称，不得使用“有限”“有限责任”“公司”字样。

（3）有投资人申报的出资。投资人可以用货币出资，也可以用实物、土地使用权、知识产权或其他财产权利出资。在申请企业设立登记时明确以其家庭共有财产作为个人出资的，投资人应当依法以家庭共有财产对企业债务承担无限责任。

（4）有固定的生产经营场所和必要的生产经营条件。

（5）有必要的从业人员。

任务实训

2020 年 1 月 4 日，章某设立了个人独资企业——友家网吧。2022 年 4 月 10 日，章某与熊某签订了网吧转让协议，约定章某将友家网吧所有的股份转让给熊某，协议在第四条还约定：在甲方（章某）将网吧转让给乙方（熊某）之前，所有积欠的费用（如税款、水费、电费、房屋租赁费、光纤费用、电话费用、雇员工资等）由甲方全部承担，本协议签订后正式办理交接手续后，所产生的费用由乙方承担。2022 年 4 月 28 日，友家网吧进行了变更登记，投资人变更为熊某。

2020 年 9 月中旬起，文强批发部开始向友家网吧供应饮料等货物，并约定货款每月一结。自 2021 年 2 月开始，友家网吧开始拖欠货款。文强批发部于 2021 年 5 月底停止供货。2021 年 8 月上旬左右，文强批发部与友家网吧对未支付货款进行对账，确认：“账单已对货款：壹拾壹万柒仟叁佰元整（117 300）未付款”，友家网吧进行盖章确认。之后，友家网吧向文强批发部支付了 21 000 元货款，尚欠货款 96 300 元。

文强批发部向法院提起诉讼，请求判决友家网吧、章某、熊某连带给付文强批发部货款 96 300 元及其利息。

实训步骤：

1. 根据以上材料，以小组为单位进行分析讨论：文强批发部的诉讼请求是否应当得到支持？

2. 各小组进行交流、互评。

任务二 掌握个人独资企业经营活动规范

一、个人独资企业的事务管理

个人独资企业投资人可以自行管理企业事务，也可以委托或者聘用其他具有民事行为能力的人负责企业的事务管理。

投资人委托或者聘用他人管理个人独资企业事务，应当与受托人或者被聘用的人签订书面合同，明确委托的具体内容和授予的权利范围。受托人或者被聘用的人员应当履行诚信、勤勉义务，按照与投资人签订的合同负责个人独资企业的事务管理。投资人对受托人或者被聘用的人员职权的限制，不得对抗善意第三人。

投资人委托或者聘用的管理个人独资企业事务的人员不得有下列行为：

（1）利用职务上的便利，索取或者收受贿赂。

（2）利用职务或者工作上的便利侵占企业财产。

（3）挪用企业的资金归个人使用或者借贷给他人。

（4）擅自将企业资金以个人名义或者以他人名义开立账户储存。

（5）擅自以企业财产提供担保。

（6）未经投资人同意，从事与本企业相竞争的业务。

（7）未经投资人同意，同本企业订立合同或者进行交易。

（8）未经投资人同意，擅自将企业商标或者其他知识产权转让给他人使用。

（9）泄露本企业的商业秘密。

（10）法律、行政法规禁止的其他行为。

二、个人独资企业的解散和清算

（一）个人独资企业的解散

个人独资企业的解散是指个人独资企业终止活动使其民事主体资格消灭的行为。

根据《个人独资企业法》的规定，个人独资企业有下列情形之一时，应当解散：

（1）投资人决定解散。

（2）投资人死亡或者被宣告死亡，无继承人或者继承人决定放弃继承。在这种情形下，独资企业失去了继续经营的必备条件，应当解散。

（3）被依法吊销营业执照。这是个人独资企业解散的强制原因。

（4）法律法规规定的其他情形。

（二）个人独资企业的清算

（1）清算人的产生。个人独资企业解散，由投资人自行清算或者由债权人申请人民法院指定清算人进行清算。

（2）通知和公告债权人。投资人自行清算的，应当在清算前 15 日内书面通知债权人，无法通知的，应当予以公告。债权人应当在接到通知之日起 30 日内，未接到通知的应当在公告之日起 60 日内，向投资人申报其债权。

（3）财产清偿顺序。个人独资企业解散的，财产应当按照下列顺序清偿：所欠职工工资和社会保险费用；所欠税款；其他债务。个人独资企业财产不足以清偿债务的，投资人应当以其个人的其他财产予以清偿。

（4）清算期间对投资人的要求。清算期间，个人独资企业不得开展与清算目的无关的经营活动。在按前述顺序清偿债务前，投资人不得转移、隐匿财产。

（5）投资人的持续偿债责任。个人独资企业解散后，原投资人对个人独资企业存续期间的债务仍应承担偿还责任，但债权人在 5 年内未向债务人提出偿债请求的，该责任消灭。

（6）注销登记。投资人或清算人应于清算结束之日起 15 日内到登记机关办理注销登记。

任务实训

甲、乙、丙、丁共同投资设立了 A 有限合伙企业（以下简称“A 企业”）。合伙协议约定：甲、乙为普通合伙人，分别出资 10 万元；丙、丁为有限合伙人，分别出资 15 万元；甲执行合伙企业事务，对外代表 A 企业。2022 年 A 企业发生下列事实：

（1）2 月，甲以 A 企业的名义与 B 公司签订了一份 12 万元的买卖合同。乙获知后，认为该买卖合同损害了 A 企业的利益，且甲的行为违反了 A 企业内部规定的甲无权单独与第三人签订超过 10 万元合同的限制，遂要求各合伙人作出决议，撤销甲代表 A 企业签订合同的资格。

（2）4 月，乙、丙分别征得甲的同意后，以自己在 A 企业中的财产份额出质，为自己向银行借款提供质押担保。丁对上述事项均不知情，乙、丙之间也对质押担保事项互不知情。

（3）8 月，丁退伙，从 A 企业取得退伙结算财产 12 万元。

（4）9 月，A 企业吸收庚作为普通合伙人入伙，庚出资 8 万元。

（5）10 月，A 企业的债权人 C 公司要求 A 企业偿还 6 月份所欠款项 50 万元。

（6）11 月，丙因所设个人独资企业发生严重亏损不能清偿 D 公司到期债务，D 公司申请人民法院强制执行丙在 A 企业中的财产份额用于清偿其债务。人民法院强制执行丙在 A 企业中的全部财产份额后，甲、乙、庚决定 A 企业以现有企业组织形式继续经营。

经查：A 企业内部约定，甲无权单独与第三人签订超过 10 万元的合同，B 公司与 A 企业签订买卖合同时，不知 A 企业该内部约定。合伙协议未对合伙人以财产份额出质事项进行约定。

实训步骤：

1. 根据上述材料，以小组为单位分析讨论下列问题：

（1）甲以A企业的名义与B公司签订的买卖合同是否有效？请说明理由。

（2）合伙人对撤销甲代表A企业签订合同的资格事项作出决议，在合伙协议未约定表决办法的情况下，应当如何表决？

（3）乙、丙的质押担保行为是否有效？请分别说明理由。

（4）如果A企业的全部财产不足清偿C公司的债务，对不足清偿的部分，哪些合伙人应当承担清偿责任？如何承担清偿责任？

（5）人民法院强制执行丙在A企业中的全部财产份额后，甲、乙、庚决定A企业以现有企业组织形式继续经营是否合法？请说明理由。

2. 各小组进行交流、互评。

知识点睛

本模块介绍了经济活动主体、经济法主体的基本概念，阐明了参与经济法法律关系的主体问题，同时对其中的公司、合伙企业、个人独资企业的基本法律制度进行了详细介绍。对不同企业特征的研究有助于帮助大家在自主创业时科学地选择适合的企业形式，具备一定的分析和处理企业法律事务的能力，也可以更加深入地了解我国企业及企业法律制度。

学以致用

一、单选题

1. 甲国有独资公司、乙上市公司、丙外商独资企业、丁民营投资有限公司拟成立一家有限合伙企业。根据合伙企业法律制度的规定，上述投资主体中，可以担任普通合伙人的是（　　）。

A. 甲和丙　　B. 乙和丙　　C. 丙和丁　　D. 甲和丁

2. 根据合伙企业法律制度的规定，下列出资形式中，只能由全体合伙人协商确定价值评估办法的是（　　）。

A. 劳务　　B. 知识产权　　C. 实物　　D. 土地使用权

3. 根据合伙企业法律制度的规定，合伙企业的下列事项中，无须在市场监管机关登记的是（　　）。

A. 主要经营场所　　B. 执行事务合伙人

C. 合伙人的住所　　D. 合伙人的家庭状况

4. 甲、乙、丙、丁拟共同投资设立一有限合伙企业，甲、乙为普通合伙人，丙、丁为有限合伙人。四人草拟了一份合伙协议。该合伙协议的下列内容中，符合合伙企业法律制度的是（　　）。

A. 合伙企业名称为“环宇商贸有限公司”

B. 丙、丁可以将其在合伙企业中的财产份额出质

C. 丙任执行事务合伙人

D. 甲以房屋作价 30 万元出资，乙以专利技术作价 15 万元出资，丙以劳务作价 20 万元出资，丁以现金 50 万元出资

5. A公司的全资子公司B公司与其他四个自然人股东一起出资设立了C股份有限公司，B 公司持有 60% 的股份，派 B 公司的董事甲行使股东权益，其余四个股东各持 10% 的股份，C 公司召开股东大会，会上甲与另外两个股东赞同作出以下决议，另两个股东表示反对，其中能够获得通过的是（　　）。

A. 为 A 公司向银行借款提供担保

B. 为 B 公司向银行借款提供担保

C. 将 C 公司的资金借给甲

D. 用 C 公司的累计剩余利润投资设立一个新的有限责任公司

6. 甲、乙、丙、丁拟设立一家贸易公司，委派丙负责租赁仓库供公司使用，因公司尚未成立，丙以自己的名义与戊签订仓库租赁合同。根据公司法律制度的规定，下列关于仓库租赁合同义务承担的表述中不正确的是（　　）。

A. 贸易公司一经成立，戊即可请求该公司承担合同义务

B. 贸易公司成立后，对租赁合同明确不予认可的，则戊不可请求贸易公司承担合同义务

C. 若贸易公司未能成立，戊可请求丙承担合同义务

D. 贸易公司成立后，戊仍可请求丙承担合同义务

7. 甲、乙、丙三人拟设立一有限责任公司。在公司设立过程中，甲在搬运为公司购买的办公家具时，不慎将丁撞伤。根据公司法律制度的规定，下列关于对丁的侵权责任承担的表述中，正确的是（　　）。

A. 若公司未成立，丁仅能请求甲承担该侵权责任

B. 若公司成立，则由公司自动承受该侵权责任

C. 若公司未成立，丁应先向甲请求赔偿，不足部分再由乙、丙承担

D. 无论公司是否成立，该侵权责任应由甲、乙、丙共同承担

8. 根据公司法律制度的规定，公司董事的下列行为中，涉嫌违反勤勉义务的是（　　）。

A. 擅自披露公司商业秘密　　B. 将公司资金以个人名义开立账户存储

C. 无正当理由长期不出席董事会会议　　D. 利用职权谋取公司商业机会

9. 根据公司法律制度的规定，下列各项中，属于董事会职权的是（　　）。

A. 修改公司章程　　B. 决定有关董事的报酬事项

C. 决定公司内部管理机构的设置　　D. 决定发行公司债券

10. 某有限责任公司共有甲、乙、丙三名股东。因甲无法偿还个人到期债务，人民法院拟依强制执行程序变卖其股权偿债。根据公司法律制度的规定，下列表述中，正确的是（　　）。

A. 人民法院应当征得乙、丙同意，乙、丙在同等条件下有优先购买权

B. 人民法院应当通知乙、丙，乙、丙在同等条件下有优先购买权

C. 人民法院应当征得公司及乙、丙同意，乙、丙在同等条件下有优先购买权

D. 人民法院应当通知公司及全体股东，乙、丙在同等条件下有优先购买权

二、多选题

1. 根据合伙企业法律制度的规定，下列各项中，属于合伙企业财产的有（　　）。

A. 合伙人缴纳的实物出资　　B. 合伙企业借用的某合伙人的电脑

C. 合伙企业对某公司的债权　　D. 合伙企业合法接受的赠与财产

2. 某普通合伙企业经营期间，吸收甲入伙。甲入伙前合伙企业已负债 20 万元。甲入伙 1 年后退伙，在此期间合伙企业新增债务 10 万元，甲退伙后半年，合伙企业解散，以企业全部财产清偿债务后，尚有 80 万元债务不能清偿。根据合伙企业法律制度的规定，下列关于甲承担清偿责任的表述中，正确的有（　　）。

A. 甲对担任合伙人期间合伙企业新增加的 10 万元债务承担无限连带责任

B. 甲对合伙企业解散后尚未清偿的全部 80 万元债务承担无限连带责任

C. 甲对入伙前合伙企业的 20 万元债务承担无限连带责任

D. 甲对入伙后至合伙企业解散时新增的 60 万元债务承担无限连带责任

3. 甲、乙、丙、丁设立一有限合伙企业，其中甲、乙为普通合伙人，丙、丁为有限合伙人。1 年后，甲转为有限合伙人，同时丙转为普通合伙人。合伙企业设立之初，企业欠银行 50 万元，该债务直至合伙企业被宣告破产仍未偿还。下列关于该 50 万元债务清偿责任的表述中，不符合合伙企业法律制度规定的有（　　）。

A. 甲、乙承担无限连带责任，丙、丁以其出资额为限承担责任

B. 乙、丙承担无限连带责任，甲、丁以其出资额为限承担责任

C. 甲、乙、丙承担无限连带责任，丁以其出资额为限承担责任

D. 乙承担无限责任，甲、丙、丁以其出资额为限承担责任

4. 根据公司法律制度的规定，在股东起诉请求公司分配利润的案例中，不应当列为被告的是（　　）。

A. 反对分配利润的董事　　B. 反对分配利润的股东

C. 公司　　D. 公司及反对分配利润的股东

5. 根据公司法律制度的规定，股份有限公司的下列文件中，股东有权要求查阅的有（　　）。

A. 公司章程　　B. 股东名册

C. 董事会会议决议　　D. 公司财务会计报告

6. 某公司在选举董事时因人选问题发生了争议，下列可以被选为公司董事的有（　　）。

A. 甲，因贪污被判处有期徒刑，3 年前出狱

B. 乙，因犯罪被剥夺政治权利 3 年，5 年前出狱

C. 丙，曾担任因违法被吊销营业执照的企业的法定代表人，并负有个人责任，5 年前企业已注销

D. 丁，曾担任破产企业的厂长，但对企业破产没有责任，该企业已破产 2 年

7. 甲有限责任公司未设董事会，股东乙为执行董事。根据公司法律制度的规定，在公司章程无特别规定的情形下，乙可以行使的职权有（　　）。

A. 决定公司的投资计划

B. 召集股东会会议

C. 决定公司的利润分配方案

D. 决定聘任公司经理

8. 某有限责任公司股东甲、乙、丙的持股比例分别为 9%、9% 和 82%。公司未设监事会，乙任监事；丙任执行董事，甲发现丙将公司资产擅自以低于市价的价格转让给丙妻，严重损害公司利益，遂书面请求乙对丙提起诉讼。乙碍于情面，未提起诉讼。甲的下列行为中，不符合公司法律制度规定的是（　　）。

A. 以自己的名义对丙提起诉讼，要求其赔偿公司损失

B. 提议召开临时股东会，要求丙对相关事项作出说明

C. 请求公司以合理价格收购其股权，从而退出公司

D. 以公司监督机构失灵、公司和股东利益受到严重损害为由，请求人民法院解散公司

9. 甲、乙等六位股东各出资 30 万元于 2018 年 2 月设立一有限责任公司，5 年来公司效益一直不错，但为了扩大再生产一直未向股东分配利润；2023 年股东会上，乙提议进行利润分配，但股东会仍然作出不分配利润的决议，乙对该决议投了反对票；乙遂觉得继续投资于该公司没有什么意义。乙拟采取的下列措施中，不符合公司法律制度规定的是（　　）。

A. 请求人民法院撤销该股东会决议

B. 请求人民法院解散该公司

C. 请求公司以合理价格收购其股权

D. 不经其他股东同意而将其股份转让给第三人

10. 根据法律制度的规定，下列各项中，属于有限责任公司股东义务的有（　　）。

A. 出资义务

B. 公司出现解散事由后，组织清算的义务

C. 善意行使股权的义务

D. 经营管理公司的义务

三、案例分析题

1. 王某、李某、刘某和金某准备设立甲股份有限公司。各方当事人签署了一份设立股份公司的协议，其内容为：公司共有股东四人；公司为发起设立；公司注册资金为人民币 400 万元；全体发起人共认购公司 30% 的股份，计 120 万元，其余部分的股份拟向发起人的亲戚朋友发行。公司发起人的首次出资额为人民币 50 万元。公司由于规模不大，所以公司决定只设监事而不设监事会。

请指出该投资协议的错误之处并说明理由。

2. 某公司章程表明：甲以现金 30 万元，乙以设备作价 10 万元（该设备是乙借来的，公司对此不知情），丙以土地使用权作价 50 万元，丁以所持有的另一公司的股权作价 10 万元出资设立甲有限责任公司。

该公司经营 2 年后负债无法清偿，债权人发现：乙出资的设备未经评估，且被出借人起诉要求返还；丙出资的土地使用权未变更登记；丁出资的股权已为其银行贷款设定质押担保。债权人遂请求法院判定股东出资不足。

问题：对乙、丙、丁的出资行为如何处理？

3. 甲股份有限公司于 2022 年 2 月 1 日召开董事会会议，该次会议召开情况及讨论决议事项如下：

（1）甲公司董事会的 7 名董事中有 6 名出席该次会议。其中，董事谢某因病不能出席会议，电话委托董事李某代为出席会议并行使表决权。

（2）甲公司与乙公司有业务竞争关系，但甲公司总经理胡某于 2015 年下半年擅自为乙公司从事经营活动，损害甲公司的利益，故董事会作出如下决定：解聘公司总经理胡某；将胡某为乙公司从事经营活动所得的收益收归甲公司所有。

（3）为完善公司经营管理制度，董事会会议通过了修改公司章程的决议，并决定从通过之日起执行。

请根据上述情况和《公司法》的有关规定，回答下列问题：

（1）董事谢某电话委托董事李某代为出席董事会会议并行使表决权的做法是否符合法律规定？请说明理由。

（2）董事会作出解聘甲公司总经理的决定是否符合法律规定？请说明理由。

（3）董事会作出将胡某为乙公司从事经营活动所得的收益收归甲公司所有的决定是否符合法律规定？请说明理由。

（4）董事会作出修改公司章程的决议是否符合法律规定？请说明理由。

能力训练

创业进入实质性阶段后的首要问题便是企业形式的选择，我国法律规定的企业形式有哪些？对于很多创业者来说，选择一种适合自己的市场主体类型对企业后期发展至关重要。如何根据不同企业形式的特点，科学选择企业形式？

模块四　经济行为法

学习目标

◆ 知识目标

- 了解合同订立的过程，掌握合同的主要内容
- 理解合同的生效要件，理解并掌握合同被确认无效或被撤销的法律后果
- 了解合同履行的原则、三种抗辩权的行使，掌握合同保全法律制度
- 理解合同变更的条件、合同转让的条件及法律后果
- 掌握合同终止的情形、合同解除的种类
- 掌握违约责任的归责原则和承担方式

◆ 能力目标

- 明确合同订立的程序
- 能够起草合同、签订合同，防止因合同不成立承担缔约过失责任
- 掌握合同被确认无效或被撤销后的解决办法
- 防范合同履行中的风险，掌握违约责任的承担方式

◆ 素质目标

- 培养契约精神以及公平自由、诚实信用的良好职业道德

关键词

合同的订立　合同内容　合同履行　解除合同　违约责任

学习重点

合同的订立；合同的效力；合同的保全；合同的解除和终止；违约责任

学习难点

无效合同、可撤销合同、效力待定合同的认定及效力；代位权、撤销权的行使条件

导入案例

2020 年 12 月，王某通过房屋中介购买李某所有的涉案房屋，交易价格为 38 万元，首付款 14 万元，剩余房款分期 5 年付清。合同签订后，王某向李某支付了首付款，后又向李某付清了 2021 年的购房款 48 000 元。

2021 年 12 月 15 日，王某开始装修涉案房屋，于 2022 年 3 月 15 日完工，并入住该房屋。

2022 年 3 月 3 日，李某与吴某、某房屋中介三方签订《二手房买卖委托合同》，将涉案房屋以 54 万元的价格出售给吴某，该合同签订后，吴某将首付款 17 万元转入李某指定银行账户，并从某银行按揭贷款 37 万元支付给李某。2022 年 4 月 1 日，李某委托某房屋中介办理其名下涉案房屋出售给吴某的过户登记事宜，并在某公证处办理了公证。2021 年 4 月 2 日，吴某在交纳各项税费后，李某将涉案房屋过户至吴某名下。李某和某房屋中介均未将涉案房屋已出售给王某的事实告知吴某。

现王某诉至法院，请求判令李某、吴某、某房屋中介三方签订的《二手房买卖委托合同》无效，并要求将涉案房屋变更登记于王某名下。

问题：如果你是法官，该做何判决？

合同是市场经济的纽带，在市场经济中发挥着重要作用。在本案中，李某“一房两卖”的行为是否具有法律效力？王某的诉讼请求是否应当得到支持？要回答这些问题，需要学习以下相关知识。

项目九　合同的订立和效力

任务一　初步了解合同法律制度

基本知识

一、合同法律制度

合同法律制度涉及自然人、法人和非法人组织的切身利益，它可以保障交易活动的安全，保护合同当事人的合法权益，维护社会经济秩序，推动社会主义市场经济的发展。《中华人民共和国合同法》（以下简称《合同法》）由九届全国人大二次会议于 1999 年 3 月 15 日通过，自 1999 年 10 月 1 日起施行。十三届全国人大三次会议表决通过的《中华人民共和国民法典》，自 2021 年 1 月 1 日起施行，《中华人民共和国合同法》废止，有关合同的民事法律规范由《民法典》中的“合同编”替代。对于地位不平等的主体之间订立的合同，例如许多企业内部的承包合同，适用有关公司、企业的法律，而不适用合同法律规定。另外，婚姻、收养、监护等有关身份关系的协议，适用有关该身份关系的法律规定。

二、合同的概念和分类

依照《民法典》第 464 条的规定，合同是民事主体之间设立、变更、终止民事法律关系的协议。

依据不同的标准，合同可划分为不同的类型，具体如表 4–1 所示。

表 4–1　合同的类型

分类标准	具体分类
法律是否设有规范并赋予一个特定名称	**有名合同：**适用《民法典》“合同编”的规定，例如买卖合同、赠与合同、借款合同、租赁合同、承揽合同等。 **无名合同：**首先应当考虑适用合同法律制度的一般规则，也可参照与该合同类似的有名合同处理。
当事人是否互相负有给付义务	**双务合同：**双方当事人互享债权，互负债务，如买卖合同、租赁合同、承揽合同。 **单务合同：**一方当事人只负有义务而另一方只享有权利，如赠与合同、无偿保管合同等。
当事人取得权利是否支付对价	**有偿合同：**例如买卖合同、租赁合同、保险合同。 **无偿合同：**例如赠与合同、无偿借用合同等。
合同的成立是否以交付标的物为要件	**诺成合同：**以合意为成立要件。 **实践合同：**除当事人意思表示一致外，尚须交付标的物才能成立的合同，如质押合同、保管合同。
相互间的主从关系	**主合同：**不需要其他合同的存在即可独立存在的合同。 **从合同：**以其他合同的存在为前提的合同。

任务二　掌握如何订立合同

基本知识

当事人订立合同，可以采取要约、承诺方式或者其他方式。

商家应当按广告宣传单上的促销价结算吗？

一、要约

要约是希望与他人订立合同的意思表示，也称为“报价”“发盘”“发价”等。发出要约的人称为“要约人”，接受要约的人称为“受要约人”。要约的内容具体确定，包括足以使合同成立的最基本的条款。要约一旦发出，就具有约束力，要约人不能随意变更、撤销，否则要承担相应的责任。

在实践中要注意区分要约和要约邀请。要约邀请，是希望他人向自己发出要约的意思表示。要约和要约邀请的最主要的区别在于内容是否具体明确，包含合同的必要条款。实践中，拍卖公告、招标公告、招股说明书、债券募集办法、基金招募说明书、商业广告和宣传、寄送的价目表等为要约邀请。但如果商业广告和宣传的内容符合要约条件的，构成要约。

（一）要约的生效

要约到达受要约人时生效。具体而言，以对话方式作出的要约，从受要约人知道其内容时生效。以非对话方式作出的要约，到达受要约人时生效。例如，采用数据电文形式的要约，受要约人指定特定系统接收数据电文的，该数据电文进入该特定系统时生效；未指定特定系统的，受要约人知道或者应当知道该数据电文进入其系统时生效。当事人对采用数据电文形式的意思表示的生效时间另有约定的，按照其约定。

（二）要约的撤回与撤销

要约人在发出要约后，可以撤回要约，但撤回要约的通知应当在要约到达受要约人前或者与要约同时到达受要约人。

要约的撤销是要约人在要约生效后、受要约人承诺前，使要约失去法律效力的意思表示。撤销要约的意思表示以对话方式作出的，该意思表示的内容应当在受要约人作出承诺之前为受要约人所知道；撤销要约的意思表示以非对话方式作出的，应当在受要约人作出承诺之前到达受要约人。

下列两种情形的要约不可以撤销：要约人以确定承诺期限或者其他形式明示要约不可撤销；受要约人有理由认为要约是不可撤销的，并已经为履行合同做了合理准备工作。

（三）要约失效

当出现下列情形时，要约失效：要约被拒绝；要约被依法撤销；承诺期限届满，受要约人未作出承诺；受要约人对要约的内容作出实质性变更。

二、承诺

承诺是受要约人同意要约的意思表示。

（一）承诺的构成条件

（1）承诺的内容应当与要约的内容一致。受要约人对要约的内容作出实质性改变的，应认为是拒绝原要约而提出新要约。有关合同标的、数量、质量、价款或者报酬、履行期限、履行地点和方式、违约责任和解决争议方法等的变更，是对要约内容的实质性变更。

（2）承诺必须由接受要约的人或其合法代表或合法代理人向要约人表示。由第三人所表示的承诺，仍不能成立合同。

（3）承诺必须在要约确定的期限内到达要约人，否则认为不接受。要约以信件或者电报作出的，承诺期限自信件载明的日期或者电报交发之日开始计算。信件未载明日期的，自投寄该信件的邮戳日期开始计算。要约以电话、传真、电子邮件等快速通信方式作出的，承诺期限自要约到达受要约人时开始计算。要约没有确定承诺期限的，如果要约以对话方式作出的，应当即时作出承诺。如果要约以非对话方式作出的，承诺应当在合理期限内到达。

（4）以适当的方式做出。承诺应当以通知的方式做出，根据交易习惯或者要约表明，也可以通过行为作出承诺。

（二）承诺的生效

承诺通知到达要约人时生效。承诺不需要通知的，根据交易习惯或者要约的要求作出承诺的行为时生效。

受要约人超过承诺期限发出承诺，或者在承诺期限内发出承诺，按照通常情形不能及时到达要约人的，为新要约；但是，要约人及时通知受要约人该承诺有效的除外。

受要约人在承诺期限内发出承诺，按照通常情形能够及时到达要约人，但是因其他原因致使承诺到达要约人时超过承诺期限的，除要约人及时通知受要约人因承诺超过期限不接受该承诺外，该承诺有效。

（三）承诺的撤回

承诺的撤回是指受要约人在承诺生效之前阻却其发生法律效力的行为。撤回承诺的通知应当在承诺通知到达要约人之前或者与承诺通知同时到达要约人。

任务实训

为了让孩子接受更好的教育，李某决定购买一套可以入读A小学的学区房，在多方寻找之后，他看中了某楼盘，开发商宣称“名校学区房，6月前买房，9月可入读A小学”，受广告宣传的影响，李某与开发商签订了《商品房买卖合同》。之后，李某按合同约定支付了定金及购房款，并办理了房屋产权登记手续。

房屋交付后，李某却发现这个房屋与此前开发商宣传时所说的“名校学区房”毫不沾边，孩子无法在A小学就读。

李某认为该开发商在售房时发布的“名校学区房”的广告属于虚假宣传，他可以要求该公司承担违约责任吗？

三、合同成立的时间和地点

（一）合同成立的时间

采用要约和承诺方式订立合同的，承诺生效时合同成立。

当事人采用合同书形式订立合同的，自当事人均签名、盖章或者按指印时合同成立。在签名、盖章或者按指印之前，当事人一方已经履行主要义务，对方接受时，该合同成立。

当事人采用信件、数据电文等形式订立合同要求签订确认书的，签订确认书时合同成立。法律、行政法规规定或者当事人约定合同应当采用书面形式订立，当事人未采用书面形式但是一方已经履行主要义务，对方接受时，该合同成立。

当事人一方通过互联网等信息网络发布的商品或者服务信息符合要约条件的，对方选择该商品或者服务并提交订单成功时合同成立，但是当事人另有约定的除外。

（二）合同成立的地点

承诺生效的地点为合同成立的地点。

当事人采用合同书形式订立合同的，最后签名、盖章或者按指印的地点为合同成立的地点。采用数据电文形式订立合同的，收件人的主营业地为合同成立的地点；没有主营业地的，其住所地为合同成立的地点。当事人另有约定的，按照其约定。

四、合同的内容

（一）合同一般应具备的条款

合同的内容由当事人约定，一般应具备以下条款：当事人的名称、姓名和住所；标的（有形财产、无形财产、劳务、工作成果）；数量；质量；价款或报酬；履行期限、地点和方式；违约责任；解决争议的方法（协商、调解、仲裁和诉讼）。

（二）格式条款

格式条款，又称标准条款、标准合同，是当事人为了重复使用而预先拟定，并在订立合同时未与对方协商的条款。

格式条款是霸王条款吗？

1. 格式条款订立的规则

采用格式条款订立合同的，提供格式条款的一方应当遵循公平原则确定当事人之间的权利和义务，并采取合理的方式提示对方注意免除或者减轻其责任等与对方有重大利害关系的条款，按照对方的要求，对该条款予以说明。提供格式条款的一方未履行提示或者说明义务，致使对方没有注意或者理解与其有重大利害关系的条款的，对方可以主张该条款不成为合同的内容。

2. 格式条款的无效

某些格式条款无效：第一，合同中关于造成对方人身损害的以及因故意或者重大过失造成对方财产损失的免责条款；第二，提供格式条款一方不合理地免除或者减轻其责任、加重对方责任、限制对方主要权利；第三，提供格式条款一方排除对方主要权利。

3. 格式条款的解释

对格式条款的理解发生争议的，应当按照通常理解予以解释。对格式条款有两种以上解释的，应当作出不利于提供格式条款一方的解释。

格式条款和非格式条款不一致的，应当采用非格式条款。

五、缔约过失责任

缔约过失责任是指在合同订立过程中，一方因违背其依据诚实信用所应尽的义务，而致另一方的信赖利益损失，依法应承担的损害赔偿责任。

没签合同也要赔偿吗？

当事人在订立合同过程中有下列情形之一，造成对方损失的，应当承担赔偿责任：

（1）假借订立合同，恶意进行磋商。

（2）故意隐瞒与订立合同有关的重要事实或者提供虚假情况。

（3）有其他违背诚信原则的行为。

当事人在订立合同过程中知悉的商业秘密或者其他应当保密的信息，无论合同是否成立，不得泄露或者不正当地使用；泄露、不正当地使用该商业秘密或者信息，造成对方损失的，应当承担赔偿责任。

任务实训

2022 年 9 月 1 日，甲向乙发出一份欲出售木材的要约，要约中对木材的型号、质量、价格、数量等内容皆作了规定，且规定了乙应在10日内给予答复。9月4日，乙收到此要约后，准备了货款，腾出了仓库，为履行合同做了必要的准备。9 月 7 日，甲向乙发出了一份撤销要约的通知，9 月 10 日到达乙处。乙主张，甲在要约中已确定了承诺期限，此要约属于不得撤销的要约，甲撤销要约的通知不发生效力，甲应承担相应的责任。

实训步骤：

1. 根据上述材料，以小组为单位讨论：甲是否应当承担法律责任？

2. 各小组进行交流、互评。

任务三　判断合同的效力

基本知识

合同的效力指依法成立的合同所产生的法律后果，即法律赋予依法成立的合同具有约束当事人各方乃至第三人的强制力。合同成立后，可能因符合生效条件而生效，也可能因违反法律规定而无效，还可能因欠缺一定的生效要件而可变更、可撤销或效力待定。因此，合同成立后，合同的效力可分为四类：有效合同、无效合同、可撤销合同、效力待定合同。

一、合同的生效要件

我国《民法典》第 143 条规定，合同生效应具备以下条件。

（一）当事人在订立合同时必须具有相应的民事行为能力

无民事行为能力人订立的合同无效。限制民事行为能力人只能订立纯获利益的合同和与其年龄、智力、精神健康状况相适应的合同，其他合同应由其法定代理人代理或征得法定代理人的同意。

（二）合同当事人的意思表示真实

这是指当事人表现于外部的意思与其内在的意愿是一致的。如果当事人的意思表示是在欺诈、胁迫的情况进行的，就不能反映当事人的真实意愿，这种情况下，如果仅凭当事人外部的意思表示就认定合同有效，不仅违背了当事人的真实意志，而且也不符合当事人预期的法律后果。

（三）不违反法律、行政法规的强制性规定，不违背公序良俗

不违背公序良俗是指合同在目的和效果上不得有损社会的政治、经济秩序和道德风尚，不得有损国家主权和民族尊严，不得有损国家、集体和公民的合法财产利益和人身利益。

二、无效合同

无效合同是指严重欠缺合同的生效要件，不受国家法律保护，从而不能产生法律约束力的合同。无效合同分为部分无效和全部无效两种。部分无效的合同（即条款无效），指合同的某些条款虽然违反法律规定，但不影响其他部分效力的，其他部分仍然有效。

“阴阳合同”可能坏大事

无效合同主要有以下几种类型：

（1）行为人与相对人以虚假的意思表示签订的合同。

（2）行为人与相对人恶意串通，损害他人合法权益的合同。

（3）无民事行为能力人签订的合同。

（4）违反法律、行政法规的强制性规定的合同。

（5）违背公序良俗的合同。

三、可撤销合同

可撤销合同是指欠缺合同有效要件，存在可撤销原因的合同。

对可撤销合同，当事人可以请求人民法院或者仲裁机构予以撤销。撤销事由、撤销权行使，以及合同无效或被撤销的法律后果的具体规定如表 4–2 所示。

表 4–2 撤销事由及撤销权行使的具体规定

项目	具体规定
撤销事由	（1）基于重大误解订立合同。 （2）因欺诈订立合同（对方当事人或第三人欺诈）。 （3）因胁迫订立合同（对方当事人或第三人胁迫）。 （4）合同显失公平（乘人之危或趁一方当事人缺乏判断能力）。
撤销权行使	对于可撤销合同，当事人可以请求人民法院或仲裁机构撤销合同，也可以放弃撤销权，继续履行合同。
	以下情况会导致撤销权消灭： （1）当事人自知道或者应当知道撤销事由之日起 1 年内、重大误解的当事人自知道或者应当知道撤销事由之日起 90 日内没有行使撤销权。 （2）当事人受胁迫，自胁迫行为终止之日起 1 年内没有行使撤销权。 （3）当事人明确表示或者以自己的行为表明放弃撤销权。 （4）当事人自民事法律行为发生之日起 5 年内没有行使撤销权。
合同无效或被撤销的法律后果	行为人因该合同取得的财产，应当予以返还；不能返还或者没有必要返还的，应当折价补偿。有过错的一方应当赔偿对方由此所受到的损失；各方都有过错的，应当各自承担相应的责任。

四、效力待定合同

效力待定合同是指合同虽成立，但因其不完全符合有关生效要件的规定，因此其效力能否发生尚未确定的合同。

效力待定合同的情形及法律后果如表 4–3 所示。

表 4-3　效力待定合同的情形及法律后果

效力待定合同的情形	法律后果
限制民事行为能力人订立合同	法定代理人同意或者追认后，合同有效。 相对人可以催告法定代理人自收到通知之日起 30 日内予以追认。法定代理人未作表示的，视为拒绝追认。合同被追认前，善意相对人有撤销的权利。
无权代理人以他人名义订立合同	未经被代理人追认的，对被代理人不发生效力，由行为人承担责任。 相对人可以催告被代理人自收到通知之日起 30 日内予以追认。被代理人未作表示的，视为拒绝追认，被代理人已经开始履行合同义务或者接受相对人履行的，视为对合同的追认。 合同被追认前，善意相对人有撤销的权利。注意：虽然行为人事实上无代理权，但相对人有理由认为行为人有代理权而与其进行法律行为，构成表见代理，其行为的法律后果由被代理人承担。

任务实训

甲户外用品经营部是京东商城网站的卖家，店铺名称“××骑行专营店”，主要经营户外运动产品、健身器材、保健护理用品、体育用品等。2022 年 5 月 22 日，张某在京东商城下单，购买“××骑行专营店”的升特电动滑板车 1 台，京东价 298 元。张某在线支付 298 元后，系统提示张某的订单已进入第三方卖家库房，准备出库。但后来张某一直未收到货物。因此，张某起诉至法院，要求判令甲户外用品经营部按照订单交付货物，并且因商家未按约定时间发货赔付订单金额的 30%。

甲户外用品经营部认为，张某的付款行为，只是要约，只有商城发货，货物到达用户后，才构成承诺，合同才成立；另外，由于店铺新开张，不熟悉操作导致标错价格（市场价 3 800 元的滑板车标成了 298 元），京东系统在一秒钟内识别到，及时下架了产品，但与此同时，已被好几个同名、同姓、同电话、同地址的几个恶意买家各自秒拍，共秒拍下 160 多单，无意标错价格下被秒拍多单，这个合同属于重大误解之下签订的，完全可以撤销。

实训步骤：

1. 根据上述材料，以小组为单位讨论：双方的买卖合同成立吗？你认为应该怎样处理双方纠纷？

2. 各小组进行交流、互评。

项目十 合同的履行

任务一 了解履行合同的原则和规则

基本知识

合同生效后，合同当事人应当按照约定全面适当地完成合同中规定的各项义务。

一、合同履行的原则

根据我国《民法典》第509条的规定，履行合同应遵循以下原则。

（一）全面履行原则

全面履行原则，是指当事人除按合同规定的标的履行外，还要按合同规定的数量、质量、期限、地点、价格、结算方式等各方面全面、适当地履行。

（二）诚实信用原则

诚实信用原则，是指当事人在履行合同义务时，应当诚实、守信、善意，根据合同的性质、目的和交易习惯履行通知、协助、保密等义务。

（三）绿色原则

履行合同过程中，当事人应始终注意保护环境，避免浪费资源、污染环境和破坏生态。习近平总书记反复强调："人与自然是生命共同体"，"绿水青山就是金山银山"。《民法典》不仅规定了"绿色原则"，还将"绿色生态环保义务"融入生产生活细节之中，为建设美丽中国保驾护航，这是《民法典》的重要特色与价值。

二、合同约定不明确时的履行规则

由于主客观因素，当事人在合同中就质量、价款或者报酬、履行地点等内容没有约定或者约定不明确时，当事人可以协议补充，不能达成补充协议的，按照合同有关条款或交易习惯确定，若仍不能确定的，适用以下规定：

（1）质量要求不明确的，按照强制性国家标准履行；没有强制性国家标准的，按照推荐性国家标准履行；没有推荐性国家标准的，按照行业标准履行；没有国家标准、行业标准的，按照通常标准或者符合合同目的的特定标准履行。

（2）价款或者报酬不明确的，按照订立合同时履行地的市场价格履行；依法应当执行政府定价或者政府指导价的，依照规定履行。

（3）履行地点不明确，给付货币的，在接受货币一方所在地履行；交付不动产的，在不动产所在地履行；其他标的，在履行义务一方所在地履行。

（4）履行期限不明确的，债务人可以随时履行，债权人也可以随时请求履行，但是应当给对方必要的准备时间。

（5）履行方式不明确的，按照有利于实现合同目的的方式履行。

（6）履行费用的负担不明确的，由履行义务一方负担；因债权人原因增加的履行费用，由债权人负担。

任务实训

小李与小陈原系共同经营吊车的合伙关系，后因故散伙。2022 年 3 月 15 日，双方签订散伙协议，甲方为小李、乙方为小陈，协议约定双方各分得三辆吊车，同时协议的第 3 条约定：因分配到的车辆价值存在差价，故乙方在签订本协议时另需补偿甲方 15 万元。2022 年 3 月 17 日，小陈通过农业银行向小李转账 10 万元，汇款用途为：吊车分车差价补偿款。同日通过农业银行开出承兑汇票，金额为 5 万元。小李不签收，要求小陈给付现金；而小陈认为已经给付。双方因此产生争议。小李一纸诉状，将小陈告上法庭。

在法庭审理过程中，原、被告对于散伙协议和被告小陈已经汇款 10 万元的事实没有异议。双方争议的焦点主要在于：合伙财产分割后折价款中剩余 5 万元，能否通过承兑汇票方式履行。

实训步骤：

1. 根据上述材料，以小组为单位讨论：合同对于给付金钱的方式没有约定或约定不明确时，应该如何履行呢？

2. 各小组进行交流、互评。

任务二 运用合同履行抗辩权及合同保全制度

基本知识

一、双务合同履行中的抗辩权

抗辩权，又称异议权，是对抗对方的请求权或否认对方权利主张的权利。双务合同履行中的抗辩权包括以下 3 种：同时履行抗辩权、后履行抗辩权、不安抗辩权，具体如表 4–4 所示。

一方当事人可能丧失履行能力，另一方可以中止履行吗？

表 4-4 抗辩权的行使条件

类型	具体规定	举例
同时履行抗辩权	当事人互负债务，没有先后履行顺序的，一方不履行，另一方有权拒绝履行。（双方任何一方均可行使）	甲公司与乙饮料厂签订一份买卖纯净水的合同，约定提货时付款。甲提货时称公司出纳员突发急病，支票一时拿不出来，要求先提货，过两天再把货款送来，乙可以拒绝。
后履行抗辩权	当事人互负债务，有先后履行顺序，应当先履行债务一方未履行或履行不符合约定的，后履行一方有权拒绝其履行请求。（后手行使）	甲、乙约定，甲应于 10 日前支付钢材货款 1 万元，乙在收到货款后 3 日内送货上门。若甲不履行付款义务，则乙有权拒绝甲要求送货的义务。
不安抗辩权	当事人互负债务，有先后履行顺序。（先手行使） 适用情形： （1）经营状况严重恶化。 （2）转移财产、抽逃资金，以逃避债务。 （3）丧失商业信誉。 （4）有丧失或者可能丧失履行债务能力的其他情形。 效力： 先履行一方可以中止履行，并及时通知对方，如果： （1）对方恢复了履行能力或提供了相应的担保后，先履行一方应恢复合同的履行。 （2）对方未恢复履行能力且未提供担保，先履行一方可以解除合同并可以请求对方承担违约责任。	甲、乙签订了一份买卖合同，双方约定由甲向乙提供一批生产用原材料，总货款为 100 万元，甲最晚于 6 月底前供货，货到付款。5 月份甲从报纸上得知：乙为逃避债务私自转移财产，被法院依法查封扣押了财产。于是甲通知乙，在乙付款或提供担保前中止履行合同，甲在此行使的就是不安抗辩权。

二、合同的保全

合同的保全，是指法律为防止因债务人的财产不当减少而给债权人的债权带来危害，允许债权人对债务人或第三人的行为行使代位权或撤销权以保护其债权的法律制度。

（一）代位权

代位权是指因债务人怠于行使其债权或者与该债权有关的从权利，影响债权人的到期债权实现的，债权人可以向人民法院请求以自己的名义代位行使债务人对相对人的权利。例如，甲欠乙 10 万元，丙欠甲 10 万元，均已届清偿期，由于甲不行使对丙的债权，致使甲无力偿还对乙的债务，则乙可以向人民法院请求代位行使甲对丙的债权，请求丙履行对甲的债务。

代位权的成立条件如下：

（1）债权人的债权合法、确定，且已届清偿期。

（2）债务人须有有效权利存在。

（3）债务人怠于行使其到期债权，且该到期债权不是专属于债务人自身的债权，如劳动报酬、退休金、养老金、抚恤费、安置费、人寿保险、人身伤害赔偿请求权等权利。

（4）债务人怠于行使权利的行为已对债权人造成损害。

人民法院认定代位权成立的，由债务人的相对人向债权人履行义务，债权人接受履行后，债权人与债务人、债务人与相对人之间相应的权利义务终止。

注意：代位权的行使范围以债权人的到期债权为限。债权人行使代位权的必要费用，由债务人负担。

（二）撤销权

撤销权是指当债务人以明显不合理的低价转让财产、以明显不合理的高价受让他人财产或者为他人的债务提供担保，影响债权人的债权实现，债务人的相对人知道或者应当知道该情形的，债权人有权请求人民法院撤销债务人的行为。

债务人低价处分自己的财产，债权人可以行使撤销权吗？

撤销权的行使范围以债权人的债权为限。债权人行使撤销权的必要费用，由债务人负担。

撤销权自债权人知道或者应当知道撤销事由之日起 1 年内行使。自债务人的行为发生之日起 5 年内没有行使撤销权的，该撤销权消灭。

债务人影响债权人的债权实现的行为被撤销的，自始没有法律约束力。

三、合同的变更和转让

合同依法成立后，即具有法律效力，当事人应按照约定全面履行自己的义务。但是，在合同履行中，若实际情况发生变化，可能需要变更合同。

（一）合同的变更

合同的变更是指合同成立后尚未完全履行时，由于某种情况的变化，经双方当事人的同意，依照法律规定的条件和程序，在原合同的基础上对合同的内容进行修改或补充。合同变更不溯及既往，即已履行的合同不能变更。

当事人协商一致，可以变更合同，这是合同变更的条件。

合同变更仅指合同内容的变更，当事人对合同变更的内容应当明确、清楚，如果约定不明确的，推定为未变更。

（二）合同的转让

合同的转让是指在不变更合同内容的前提下，合同的当事人将合同权利或者合同义务转让给第三人，或者将权利义务一并转让给第三人的行为。合同的转让实际上是合同主体的变更，分为合同权利的转让、合同义务的转让和合同权利与义务一并转让。合同转让的三种情形如表 4–5 所示。

表 4–5　合同转让的三种情形

转让情形	转让条件	法律后果
权利的转让	债权具有可转让性，但以下情形不得转让：（1）根据债权性质不得转让的，例如雇佣、委托。（2）按照当事人约定不得转让的。（3）依照法律规定不得转让的，如抵押权不得与债权分离而单独转让。	（1）未通知债务人的，该转让对债务人不发生效力。（2）债务人对让与人的抗辩，可以向受让人主张。（3）受让人取得与债权有关的从权利，从权利专属于债权人自身的除外。
义务的转让	应当经债权人同意。	（1）新债务人可以主张原债务人对债权人的抗辩。（2）原债务人对债权人享有债权的，新债务人不得向债权人主张抵销。（3）新债务人应当承担与主债务有关的从债务，从债务专属于原债务人自身的除外。
权利义务一并转让	当事人一方经对方同意，可以将自己在合同中的权利和义务一并转让给第三人。	适用债权转让、债务转移的有关规定。

项目十一　合同终止及合同责任的认定

任务一　掌握合同终止的情形

基本知识

一、合同终止的含义

合同终止是指合同关系因法定事由或约定事由的出现而消灭，债权人不再享有合同权利，债务人不必再履行合同义务，合同当事人双方终止合同关系，合同的效力随之消灭。

二、合同终止的情形

根据我国《民法典》第 557 条的规定，合同终止的情形有以下七种：

（1）债务已经按照约定履行，合同订立的目的已经实现。

（2）债务相互抵销。当事人互负债务，该债务的标的物种类、品质相同的，任何一方可以将自己的债务与对方的到期债务抵销；但是，根据债务性质、按照当事人约定或者依照法律规定不得抵销的除外。

当事人互负债务，标的物种类、品质不相同的，经协商一致，也可以抵销。

当事人主张抵销的，应当通知对方。通知自到达对方时生效。

（3）债务人依法将标的物提存。由于债权人的原因，如债权人无正当理由拒绝受领，或债权人下落不明，或债权人死亡未确定继承人、遗产管理人，或债权人丧失民事行为能力未确定监护人，导致债务人难以履行债务的，债务人可以将标的物提存。

标的物不适于提存或者提存费用过高的，债务人依法可以拍卖或者变卖标的物，提存所得的价款。债务人将标的物或者将标的物依法拍卖、变卖所得价款交付提存部门时，提存成立。提存成立的，视为债务人在其提存范围内已经交付标的物。标的物提存后，债务人应当及时通知债权人或者债权人的继承人、遗产管理人、监护人、财产代管人。

标的物提存后，毁损、灭失的风险由债权人承担。提存期间，标的物的孳息归债权人所有。提存费用由债权人负担。

债权人可以随时领取提存物。但是，债权人对债务人负有到期债务的，在债权人未履行债务或者提供担保之前，提存部门根据债务人的要求应当拒绝其领取提存物。债权人领取提存物的权利，自提存之日起5年内不行使而消灭，提存物扣除提存费用后归国家所有。但是，债权人未履行对债务人的到期债务，或者债权人向提存部门书面表示放弃领取提存物权利的，债务人负担提存费用后有权取回提存物。

（4）债权人免除债务。债权人免除债务人部分或者全部债务的，债权债务部分或者全部终止，但是债务人在合理期限内拒绝的除外。

（5）债权债务同归于一人。债权和债务同归于一人的，债权债务终止，但是损害第三人利益的除外。

（6）法律规定或者当事人约定终止的其他情形。

（7）合同解除。合同解除分为约定解除和法定解除。

约定解除又可分为两种情况：第一，当事人在合同中约定一方解除合同的事由。当该事由发生时，解除权人可以解除合同。第二，当事人未事先约定解除事由，但在合同履行完之前，当事人协商一致解除合同。

法定解除的事由有：①因不可抗力致使不能实现合同目的。②预期违约，即在履行期限届满前，当事人一方明确表示或者以自己的行为表明不履行主要债务。③当事人一方迟延履行主要债务，经催告后在合理期限内仍未履行。④根本违约，即当事人一方迟延履行债务或者有其他违约行为致使不能实现合同目的。⑤法律规定的其他情形。

当事人一方依法主张解除合同的，应当通知对方。合同自通知到达对方时解除；通知载明债务人在一定期限内不履行债务则合同自动解除，债务人在该期限内未履行债务的，合同自通知载明的期限届满时解除。

当事人一方未通知对方，直接以提起诉讼或者申请仲裁的方式依法主张解除合同，人民法院或者仲裁机构确认该主张的，合同自起诉状副本或者仲裁申请书副本送达对方时解除。

合同解除后，尚未履行的，终止履行；已经履行的，根据履行情况和合同性质，当事人可以请求恢复原状或者采取其他补救措施，并有权请求赔偿损失。

合同因违约解除的，解除权人可以请求违约方承担违约责任，但是当事人另有约定的除外。

主合同解除后，担保人对债务人应当承担的民事责任仍应当承担担保责任，但是担保合同另有约定的除外。

三、合同终止的其他注意事项

关于合同的终止，还需要注意以下事项：

（1）合同终止后，当事人应当遵循诚信等原则，根据交易习惯履行通知、协助、保密、旧物回收等义务。

（2）合同终止时，债权的从权利同时消灭，但是法律另有规定或者当事人另有约定的除外。

（3）合同的权利义务关系终止，不影响合同中结算和清理条款的效力。

任务实训

2020 年，法院判决甲公司对乙公司享有合法债权 376 万元。后来因为乙公司未履行判决确定的义务，甲公司申请执行。在执行过程中查明，乙公司系生产烟用聚丙烯丝束及过滤嘴棒、化纤等产品的企业，丙烟草公司常年向乙公司购买烟用聚丙烯丝束，依据丙烟草公司 2022 年 6 月 24 日出具的“供应商明细账”、2022 年 7 月 23 日出具的“七月份资金需求计划明细表”，丙烟草公司对乙公司有应付的欠款 459 万元。

甲公司认为，丙烟草公司是乙公司产品的长期用户，对乙公司负有到期的货款债务，但乙公司至今未以诉讼或仲裁的方式向丙烟草公司主张债权，也不能向甲公司清偿债务，其怠于行使到期债权的行为已损害了甲公司的债权，故向法院起诉，要求丙烟草公司在其所欠乙公司货款范围内清偿乙公司对甲公司所负到期债务本金 376 万元及迟延履行金，并承担诉讼费用。

乙公司认为，虽然丙烟草公司是乙公司产品的长期用户，但双方无书面买卖合同。丙烟草公司主张其与乙公司存在口头买卖合同关系，未约定供货、付款的时间、数量，乙公司根据烟草公司的生产、资金情况决定供货数量。另外，2022 年 7 月 14 日，乙公司与佳木斯工行签订债权转让协议，将丙烟草公司欠其 232 万元应收货款转让给佳木斯工行，并于 2022 年 7 月 20 日通知丙烟草公司。丙烟草公司对此事实无异议，其在甲公司提起的代位权诉讼中坚持乙公司在该公司的债权已转让给了佳木斯工行，但佳木斯工行至今未向丙烟草公司主张过该笔款项，丙烟草公司也未支付过该笔款项。

实训步骤：

1. 根据上述材料，以小组为单位讨论：甲公司提起的代位权诉讼应当如何处理？
2. 各小组进行交流、互评。

任务二　掌握合同责任的认定

基本知识

市场经济是一种契约经济，它通过合同关系把各种市场主体联系在一起，使市场秩序网络化和秩序化。违反合同的行为会破坏市场经济秩序。我国《民法典》规定了对违反合同行为将追究相应的法律责任。

一、违约责任的概念和特征

违约责任是指合同当事人违反合同义务而向对方当事人承担的民事责任。

违约责任有以下特征：

（1）违约责任的产生是以合同当事人不履行合同义务为条件的。

（2）违约责任具有相对性。当事人一方因第三人的原因造成违约的，应当向对方承担违约责任。当事人一方和第三人之间的纠纷，依照法律规定或者按照约定解决。

（3）违约责任具有补偿性。违约责任以补偿守约方因违约行为所受损失为主要目的，以损害赔偿为主要责任形式，故具有补偿性质。

（4）违约责任可以由当事人约定。当事人既可以在合同中约定违约的责任形式，也可以约定违约责任的范围及损失的计算方法。

（5）违约责任是民事责任的一种形式。

二、违约责任的承担方式

根据我国《民法典》的规定，违约责任的承担方式有继续履行、采取补救措施、赔偿损失、支付违约金或定金等。

（一）继续履行

订立合同的目的是实现合同的约定，即实际履行合同。因此当事人一方不履行债务或者履行债务不符合约定的，对方可以要求其继续履行，我国《民法典》第 579 条和第 580 条规定，当事人一方未支付价款、报酬、租金、利息，或者不履行其他金钱债务的，对方可以请求其支付。当事人一方不履行非金钱债务或者履行非金钱债务不符合约定的，对方可以请求履行，但是有下列情形之一的除外：法律上或者事实上不能履行；债务的标的不适于强制履行或者履行费用过高；债权人在合理期限内未请求履行。

当事人一方不履行债务或者履行债务不符合约定，根据债务的性质不得强制履行的，对方可以请求其负担由第三人替代履行的费用。

（二）采取补救措施

履行不符合约定的，应当按照当事人的约定承担违约责任。对违约责任没有约定或者约定不明确，且不能达成补充协议，也未能按合同相关条款或交易习惯确定的，受损害方根据标的的性质以及损失的大小，可以合理选择请求对方承担修理、重作、更换、退货、减少价款或者报酬等违约责任。

（三）赔偿损失

当事人一方不履行合同义务或者履行合同义务不符合约定的，在履行义务或者采取补救措施后，对方还有其他损失的，应当赔偿损失。

当事人一方不履行合同义务或者履行合同义务不符合约定，造成对方损失的，损失赔偿额应当相当于因违约所造成的损失，包括合同履行后可以获得的利益；但是，不得超过违约一方订立合同时预见到或者应当预见到的因违约可能造成的损失。

（四）支付违约金

违约金是指合同一方不履行或不适当履行合同时，按照合同约定支付的一定数额的金钱。

当事人可以约定一方违约时应当根据违约情况向对方支付一定数额的违约金，也可以约定因违约产生的损失赔偿额的计算方法。

约定的违约金低于造成的损失的，人民法院或者仲裁机构可以根据当事人的请求予以增加；约定的违约金过分高于造成的损失的，人民法院或者仲裁机构可以根据当事人的请求予以适当减少。

约定违约金过高，当事人能否请求法院减少？

当事人就迟延履行约定违约金的，违约方支付违约金后，还应当履行债务。

（五）支付定金

定金是合同当事人双方为了保证债务的履行，约定由当事人先行支付给对方一定数额的金钱。

当事人可以约定一方向对方给付定金作为债权的担保。定金合同自实际交付定金时成立。定金的数额由当事人约定；但是，不得超过主合同标的额的 20%，超过部分不产生定金的效力。实际交付的定金数额多于或者少于约定数额的，视为变更约定的定金数额。

“定金”与“订金”是一回事吗？

债务人履行债务的，定金应当抵作价款或者收回。给付定金的一方不履行债务或者履行债务不符合约定，致使不能实现合同目的的，无权请求返还定金；收受定金的一方不履行债务或者履行债务不符合约定，致使不能实现合同目的的，应当双倍返还定金。

应当注意的是，当事人既约定违约金，又约定定金的，一方违约时，对方可以选择适用违约金或者定金条款，不能同时适用违约金条款和定金条款。定金不足以弥补一方违约造成的损失的，对方可以请求赔偿超过定金数额的损失。

任务实训

甲、乙两公司签订钢材买卖合同，约定了违约责任条款：买方乙公司如果逾期付款，钢材单价按每日每吨加价 5 元支付，同时约定了“按未付款总额每日千分之三”支付违约金。

合同约定期限到期后，乙公司逾期 67 天支付钢材款，却不支付违约金。甲公司将乙公司起诉到法院，请求乙公司支付违约金。

实训步骤：

1. 根据上述材料，以小组为单位讨论：两个公司之间签订合同的违约责任条款有效吗？甲公司的主张成立吗？

2. 各小组进行交流、互评。

三、违约责任的归责原则和免责事由

（一）违约责任的归责原则

归责原则是指基于一定的归责事由而确定行为人是否应当承担责任的法律原则。我国《民法典》第 577 条规定：“当事人一方不履行合同义务或者履行合同义务不符合约定的，应当承担继续履行、采取补救措施或者赔偿损失等违约责任。”由此可见，我国《民法典》确定的违约责任的归责原则是严格责任原则，即不论违约方有无故意或过失，只要有违约行为，除了法定或约定的免责事由之外，都必须承担违约责任。

但需注意的是，当事人一方违约后，对方应当采取适当措施防止损失的扩大；没有采取适当措施致使损失扩大的，不得就扩大的损失请求赔偿。当事人因防止损失扩大而支出的合理费用，由违约方负担。

（二）免责事由

免责事由是指当事人对其违约行为免于承担违约责任的事由。《民法典》上的免责事由可分为两类：法定免责事由和当事人之间约定的免责事由。

法定免责事由是指由法律直接规定、不需要当事人约定即可援用的免责事由。我国《民法典》第 590 条规定了法定免责事由即不可抗力。

不可抗力是指不能预见、不能避免并且不能克服的客观情况。

不可抗力主要包括以下几种情形：自然灾害，如台风、洪水、冰雹、地震等；政府行为，如征收、征用；社会异常事件，如罢工、骚乱、战争等。

当事人一方因不可抗力不能履行合同的，根据不可抗力的影响，部分或者全部免除责任，但是法律另有规定的除外。当事人迟延履行后发生不可抗力的，不免除其违约责任。因不可抗力不能履行合同的，应当及时通知对方，以减轻可能给对方造成的损失，并应当在合理期限内提供证明。

除了法定免责事由，当事人还可以在合同中约定免除将来可能发生的违约责任的条款，其所规定的免责事由即约定免责事由。免责条款是合同的组成部分，必须以明示的方式作出。免责条款不能排除当事人的基本义务，我国《民法典》第506条规定，合同中的下列免责条款无效：造成对方人身损害的；因故意或者重大过失造成对方财产损失的。

任务实训

2018年11月30日，甲公司与乙公司签订《物流业务委托契约书》，约定：乙公司使用上海市浦东新区××路××号的仓库为甲公司提供仓储服务，协议有效期自2018年12月1日至2021年12月31日，但协议期满3个月前双方在没有变更意思表示的情况下，本协议将自动更新并继续履行；为确保货物在本仓库里仓储的安全，必须加强扩充消防、防火等设施设备；双方或者一方因为地震、台风、火灾、战争或者其他不可抗力的原因不能履行本协议时，受影响的当事者需立即通知另一方；双方根据不可抗力的原因给协议履行带来的影响程度商讨决定协议延期或者免除协议；因不可抗力的原因而带来的经济损失，双方不需要承担赔偿责任。

2021年12月28日，乙公司的仓库发生火灾事故，导致甲公司存储在乙公司处的货物（服饰）受到烟熏、部分货物被烟尘污染以及被水淋湿。消防部门出具的火灾事故《简易调查认定书》载明：该起火灾系电气线路故障引发。甲公司从乙公司仓库提走所有货物，随后双方以邮件方式沟通赔偿及货物的后续处理事宜，但未能达成一致意见。在此期间，甲公司与A公司签订《业务委托合同书》，甲公司委托A公司对受到烟熏的衣物进行修复、修理，合同约定具体商品数量及状态以双方签署确认的《商品状况报告》为准。

《商品状况报告》载明修复的衣物共8 469件，甲公司为此支出人民币86 249元。

甲公司通过电子邮件将修复情况告知乙公司。2023年3月25日，甲公司向乙公司发出《赔付通知书》，要求乙公司赔付：（1）因为265件商品全毁，要求按服饰吊牌价赔付共计361 700元。（2）甲公司一般以吊牌价的45%出售给零售商，但涉案服装中的8 469件清洗之后，只能作为瑕疵品以吊牌价的15%出售给B公司，损失吊牌价的30%，因此，要求乙公司赔付8 469件未全毁商品销售的差价3 416 187.50元。（3）修复费用86 249元。

乙公司提供了2017年的消防验收证明，并认为：第一，双方当事人之间的

《物流业务委托契约书》中明确将“火灾”约定为不可抗力，消防部门出具的火灾认定书上记载火灾是因电气线路故障引发，因此乙公司对此没有责任。而且用于仓储的房屋并非乙公司所有，而是向房东租赁的。第二，乙公司从未同意将涉案服装交给A公司清洗，清洗价格未经乙公司确认。

实训步骤：

1. 根据上述材料，以小组为单位讨论：本案中的火灾是否为双方约定或法定的不可抗力事由？甲公司主张货损的价值是否合理？

2. 各小组进行交流、互评。

知识点睛

合同是民事活动领域中基本的法律行为形式。我国《民法典》“合同编”几乎占据了整部法典的“半壁江山”，是《民法典》中内容最广泛、体系最庞杂的一篇，既体现合同制度作为交易基本规则在民商事活动及日常生活中的重要性，也充分说明合同法律制度在民法体系中的重要地位。《民法典》“合同编”分为三个分编——通则、典型合同、准合同，本模块主要阐述通则的内容，包括合同编的调整范围、合同的订立、合同的效力、合同的保全、合同的履行、违约责任等内容，同时通过合同纠纷案例分析来了解一些典型合同，如买卖合同、借款合同、租赁合同、保管合同等。

学以致用

一、单选题

1. 甲公司于3月18日向乙公司发出要约，该要约于3月20日到达乙，在此期间甲又于3月19日给乙发出要约作废的通知，该作废通知于3月21日到达乙，则要约生效时间是（　　）。

A. 3月18日　　B. 3月19日　　C. 3月20日　　D. 3月21日

2. 下列情形中，构成承诺的是（　　）。

A. 甲向乙发出要约，丙得知后表示接受甲的条件

B. 丙向丁发出要约，丁考虑后向戊表示同意丙的要约

C. 何某向刘某发出要约，要求10天内给予答复，过期视为无效，刘某未能如期答复

D. 袁某根据广告上刊登的价格，给某体育用品厂汇款购买某型号的体育用品

3. 甲、乙拟签订一份书面买卖合同，甲签字盖章后尚未将书面合同邮寄给乙时，即接到乙按合同约定发来的货物，甲将货物清点后入库，次日将签字盖章后的书面合同邮寄给

乙公司，乙收到后在合同上签字盖章，买卖合同成立的时间是（　　）。

A. 甲签字盖章时　　B. 乙签字盖章时

C. 甲接受乙发来的货物时　　D. 甲将盖章后的合同发给乙时

4. 刘某为某农工商公司的采购员，刘某持该公司出具的采购农副产品的介绍信，与甲公司签订了一份购买100吨大米的购销合同。甲公司按照合同规定的日期发货后，被某农工商公司拒收，理由是只让刘某出外购买水产品，没让其采购大米。依照法律规定，刘某的行为是（　　）。

A. 超越代理权限，合同无效

B. 代理行为有效，农工商公司不得违约

C. 擅自做主，个人应承担责任，农工商公司不承担责任

D. 刘某和农工商公司负连带责任

5. 甲、乙公司于2023年3月10日签订买卖合同，3月15日甲发现自己对合同的标的有重大误解，遂于3月20日向人民法院请求撤销该合同，4月10日人民法院依法撤销该合同，下列符合规定的是（　　）。

A. 合同自3月10日起归于无效

B. 合同自3月15日起归于无效

C. 合同自3月20日起归于无效

D. 合同自4月10日起归于无效

6. 甲、乙签订一份合同，约定由丙向甲履行债务，但丙履行债务的行为不符合合同的约定，下列有关甲请求承担违约责任的表述中，正确的是（　　）。

A. 请求丙承担　　B. 请求乙承担

C. 请求丙和乙共同承担　　D. 请求丙或乙承担

7. 甲与乙订立买卖合同，规定甲应于2023年8月1日交货，乙应于同年8月7日付款。7月底，甲发现乙财产状况恶化，无支付货款之能力，并有确切证据，遂提出终止合同，但乙未允。基于上述因素，甲于8月1日未按约定交货。依据合同法律制度规定，下列有关该案的表述，正确的是（　　）。

A. 甲有权不按合同约定交货，除非乙提供了相应的担保

B. 甲无权不按合同约定交货，但可以要求乙提供相应的担保

C. 甲无权不按合同约定交货，但可以仅先交付部分货物

D. 甲应当按合同约定交货，如乙不支付货款，可追究其违约责任

8. 债权人胡某下落不明，债务人沙某难以履行债务，遂将标的物提存。沙某将标的物提存以后，该标的物如果意外毁损灭失，应承担其损失的是（　　）。

A. 应由胡某承担　　B. 应由沙某承担

C. 应由沙某与胡某共同承担　　D. 应由提存机关承担

9. 方某为送汤某生日礼物，特向余某定做一件玉器。订货单上，方某指示余某将玉器交给汤某，并将订货情况告知汤某。玉器制作好后，余某委托朱某将玉器交给汤某，朱某

不慎将玉器碰坏。下列表述正确的是（　　）。

A. 汤某有权要求余某承担违约责任　　B. 汤某有权要求朱某承担侵权责任

C. 方某有权要求朱某承担侵权责任　　D. 方某有权要求余某承担违约责任

10. 甲公司向乙公司购买小轿车，约定7月1日预付10万元，10月1日预付20万元，12月1日乙公司交车时付清尾款。甲公司按时预付第一笔款。乙公司于9月30日发函称因原材料价格上涨，需提高小轿车价格。甲公司于10月1日拒绝，等待乙公司答复未果后于10月3日向乙公司汇去20万元。乙公司当即拒收，并称甲公司迟延付款构成违约，要求解除合同，甲公司则要求乙公司继续履行。下列表述正确的是（　　）。

A. 甲公司不构成违约　　B. 乙公司有权解除合同

C. 乙公司可行使先履行抗辩权　　D. 乙公司可要求提高合同价格

二、多选题

1. 甲市某旅行社提出自己组团交乙市某旅行社接待的要求，并附上具体条件。乙市某旅行社也表示愿意接待此旅游团队，只对费用结算方式提出了新的要求。据此，下列说法错误的有（　　）。

A. 甲市某旅行社的行为是要约邀请　　B. 甲市某旅行社的行为是要约

C. 乙市某旅行社的行为是承诺　　D. 乙市某旅行社的行为是新要约

2. 玉林公司向海东厂订购空调1 000台，约定交货期为5月10日。由于当年暑期早至，玉林公司向海东厂提出，将交货期提前至4月10日。海东厂提出生产能力有限，只能根据库存情况尽量提前。4月10日，海东厂未能交货。玉林公司遂向法院起诉，要求海东厂承担违约责任。据此，下列表述正确的有（　　）。

A. 双方买卖合同有效成立

B. 双方买卖合同因交货日期未确定，故不成立

C. 海东厂的行为不构成违约

D. 双方关于交货日期的提前未达成协议，应视为合同未变更

3. 依据合同法律制度的相关规定，下列属于合同终止情形的有（　　）。

A. 某旅行社履行了与游客签订的旅游合同，旅游活动圆满结束

B. 某旅行社在组织游客旅游过程中，因遭遇泥石流而取消剩余行程

C. 某旅行社拖欠某宾馆住宿费用，后经协商该旅行社合并为宾馆的旅游部

D. 某旅行社与某宾馆将租赁该宾馆商务用房的合同租期由三年改为一年

4. 当事人可以解除合同的法定情形包括（　　）。

A. 因不可抗力致使不能实现合同目的

B. 当事人双方协商一致

C. 当事人一方迟延履行主要债务，经催告后在合理期限内仍未履行

D. 当事人一方迟延履行债务或者有其他违约行为致使不能实现合同目的

5. 乙乘人之危，于10月6日与甲签订了一份买卖合同，合同内容对甲显失公平，下

列说法中正确的有（　　）。

A. 甲有权通知乙解除合同

B. 该合同无效

C. 该合同属于可撤销合同

D. 如果甲在一年后要求撤销，法院不予支持

6. 下列有关合同成立的表述中，正确的有（　　）。

A. 承诺生效时合同成立

B. 承诺人收到要约时合同成立

C. 要求签订确认书的，签订确认书时合同成立

D. 采用合同书形式的，自双方当事人签字或者盖章时合同成立

7. 下列情况中，要约不得撤销的有（　　）。

A. 要约人确定了承诺期限

B. 受要约人有理由认为要约是不可撤销的，并且已经为履行合同做了准备工作

C. 要约中明示要约不可撤销

D. 要约已经到达受要约人

8. 甲房产开发公司在交给购房人张某的某小区平面图和项目说明书中都标明有一个健身馆。张某看中小区健身方便，决定购买一套商品房并与甲公司签订了购房合同。后来，张某收房时却发现小区没有健身馆。下列表述正确的是（　　）。

A. 甲公司不守诚信，构成根本违约，张某有权退房

B. 甲公司构成欺诈，张某有权请求甲公司承担缔约过失责任

C. 甲公司恶意误导，张某有权请求甲公司双倍返还购房款

D. 张某不能滥用权利，在退房和要求甲公司承担违约责任之间只能选择一种

9. 杜某拖欠谢某 100 万元。谢某请求杜某以登记在其名下的房屋抵债时，杜某称其已把房屋作价 90 万元卖给了赖某，房屋钥匙已交，但产权尚未过户。该房屋市值为 120 万元。关于谢某权利的保护，下列表述错误的有（　　）。

A. 谢某可请求法院撤销杜某、赖某的买卖合同

B. 因房屋尚未过户，杜某、赖某的买卖合同无效

C. 如谢某能举证杜某、赖某构成恶意串通，则杜某、赖某的买卖合同无效

D. 因房屋尚未过户，房屋仍属杜某所有，谢某有权直接取得房屋的所有权以实现其债权

10. 吴某是甲公司员工，持有甲公司的授权委托书。吴某与温某签订了借款合同，该合同由温某签字、吴某用甲公司合同专用章盖章。后温某要求甲公司还款。下列情形有助于甲公司否定吴某的行为构成表见代理（　　）。

A. 温某明知借款合同上的盖章是甲公司合同专用章而非甲公司公章，未表示反对

B. 温某未与甲公司核实，即将借款交给吴某

C. 吴某出示的甲公司授权委托书载明甲公司仅授权吴某参加投标活动

D. 吴某出示的甲公司空白授权委托书已届期

三、案例分析题

1. 2020 年 5 月 2 日，导游吴某接待了一外地旅游团，在旅游途中，一游客孙某突发疾病，急需大笔医药费，于是孙某和导游吴某商量先借给他 20 000 元，等家里打款后再还，导游吴某同意借款，但要求孙某还 30 000 元。孙某急于用钱只好答应。

问题：导游吴某的行为属于什么？孙某如果在 2021 年 4 月 5 日行使撤销权能否得到支持？

2. 甲公司拟为上市造势，在无真实交易意图的情况下，短期内以业务合作为由邀请多家公司来其主要办公地点洽谈。其中，乙公司安排授权代表往返十余次，每次都准备了详尽可操作的合作方案，甲公司佯装感兴趣并屡次表达将签署合同的意愿，但均在最后一刻推脱拒签。在此期间，甲公司还将知悉的乙公司的部分商业秘密不当泄露。乙公司起诉至法院，要求甲公司赔偿损失。

问题：乙公司的诉讼请求是否有法律依据？

3. 甲委托乙寄售行以该行名义将甲的一台仪器以 3 000 元出售，除酬金外双方对其他事项未作约定。其后，乙将该仪器以 3 500 元卖给了丙，为此乙多支付费用 100 元。

问题：甲与乙订立的是什么合同？高于约定价格卖得的 500 元属于甲还是乙？如仪器出现质量问题，丙应向谁主张违约责任？乙多付出的 100 元费用可以要求甲承担吗？

能力训练

班级同学分组（4～5 人／组），每组分甲、乙双方当事人，根据教师提供的背景材料和合同法律制度，双方当事人通过谈判签订一份书面合同。教师根据学生对合同法律制度的运用及签订的书面合同的合法性、完备性给出相应评分。

模块五　市场规制法

学习目标

◆ 知识目标

- 理解不正当竞争行为的概念和特征
- 掌握不正当竞争行为的具体类型
- 理解并掌握消费者依法享有的权利，正确把握经营者的义务，熟悉消费者与经营者发生争议的解决途径
- 了解产品质量法的适用范围，熟悉生产者、销售者的产品质量责任和义务
- 理解并掌握缺陷产品损害赔偿制度

◆ 能力目标

- 对市场经济领域存在的各种不正当竞争行为进行正确的界定
- 运用所学知识分析生活中有关消费者权益保护的案例
- 运用缺陷产品损害赔偿制度解决实际问题

◆ 素质目标

- 认识到只有营造公平、高效、有序的市场竞争环境，才能促进各类市场主体更加规范、更具活力、更重创新，实现更高水平、更深层次、更可持续的发展。
- 培养公平竞争、守法经营、诚实信用意识

关键词

不正当竞争行为　消费者的权利　生产者的产品责任与义务　产品缺陷责任

学习重点

不正当竞争行为的种类；消费者的权利；经营者的义务；产品质量责任和产品责任

学习难点

不正当竞争行为的界定；消费者的界定，产品质量责任和产品责任的区分

导入案例

大众点评网是一个为用户提供商户信息、消费点评及消费优惠等信息服务的本地生活信息及交易平台。大众点评网用户协议禁止参与、组织撰写及发布虚假点评。上海汉涛信息咨询有限公司（以下简称“汉涛公司”）系大众点评网的经营者，第 5135459 号“大众点评”文字商标、第 11716586 号图形商标的权利人。

千络公司通过其运营的网站、百度贴吧及微信等为用户有偿提供大众点评网的刷点赞量、收藏量、预约量、门店星级、用户好评数等的“代运营”服务及相关宣传。根据服务项目不同，价格在 50 元至 1.4 万元不等。同时千络公司还在其经营的网站上突出使用了与“大众点评”商标相同的标识。

汉涛公司认为，千络公司提供的涉案“代运营”服务属于帮助其他经营者进行虚假宣传的不正当竞争行为。此外，其擅自在其网站、百度贴吧等处突出使用涉案商标，构成商标侵权。据此，诉请法院判令千络公司停止商标侵权及虚假宣传的不正当竞争行为，刊登声明、消除影响，并赔偿经济损失及合理支出 217 万余元。

近年来，电子商务领域通过“刷单炒信”方式虚构成交量、交易额、用户好评，不当谋取竞争机会或者竞争优势的现象比较突出。及时、有效制止帮助平台经营者组织虚假交易、“刷好评炒信”等方式不当获取流量的虚假宣传不正当竞争行为，有助于引导、促进平台经营者诚信经营，保障消费者的知情权、选择权，维护平台经济的公平竞争和有序发展。

项目十二　不正当竞争行为的认定

任务一　了解什么是不正当竞争

基本知识

有市场就有竞争，竞争是市场经济最重要的运行机制，也是市场机制发挥作用的前提和基础。通过竞争，每个商品生产经营者在生产上都力求采用新技术，提高产品质量和劳动生产率，从而在市场上击败竞争对手，使自己立于不败之地，实现优胜劣汰，使资源得到合理配置。

但是市场竞争也不可避免地带来一定的消极后果，市场主体的趋利本质使得一些经营者为了获取不当的相对竞争优势而开展各种各样的不正当的竞争行为，这些现象既会危及竞争秩序和竞争环境，也会损害消费者的利益。

一、不正当竞争的概念与特征

不正当竞争是指经营者在生产经营活动中，违反《中华人民共和国反不正当竞争法》（以下简称《反不正当竞争法》）规定，扰乱市场竞争秩序，损害其他经营者或者消费者的合法权益的行为。

不正当竞争具有以下四个特征。

（一）不正当竞争行为的主体是经营者

经营者是指从事商品生产、经营或提供服务的自然人、法人和非法人组织。非经营者不是竞争行为主体，所以也不能成为不正当竞争行为的主体。

（二）不正当竞争行为是违法行为

不正当竞争行为的违法性不仅体现在其违反了《反不正当竞争法》第 2 章所列举的不正当竞争行为，也表现在其违反了《反不正当竞争法》义务性和原则性的规范。《反不正当竞争法》第 2 条第 1 款规定："经营者在生产经营活动中，应当遵循自愿、平等、公平、诚信的原则，遵守法律和商业道德。"所以说，经营者的某些行为虽然表面上难以确认为该法明确规定的不正当竞争行为，但是只要违反了自愿、平等、公平、诚信原则或违反了公认的商业道德，损害了其他经营者的合法权益，扰乱了社会经济秩序，也应认定为不正当竞争行为。

（三）不正当竞争行为是侵犯其他经营者合法权益的行为

不正当竞争行为直接或间接地侵害了其他经营者的知识产权、财产权、名誉权、公平竞争权、经营权等合法权益，给其他经营者造成财产损失或名誉损害，有时对消费者利益也在一定程度上造成损害。

（四）不正当竞争行为是扰乱市场竞争秩序的行为

社会经济的发展和个人利益的实现有赖于秩序的确立与维护，而不正当竞争行为却是通过采用违反商业道德的手段来谋求个体利益的最大化，会误导消费者，扭曲商品或服务的价格，妨碍竞争机制的功能发挥，从而严重破坏市场竞争秩序。

二、市场规制法的意义

为了保障我国社会主义市场经济健康发展，鼓励和保护公平竞争，制止不正当竞争行为，保护经营者和消费者的合法权益，我国《反不正当竞争法》与维护自由竞争的《中华人民共和国反垄断法》（以下简称《反垄断法》）一起，共同构成现代竞争法的两大重要组成部分。

竞争的副作用是市场自身无法克服的，它要求国家通过法律的形式来制止、排斥危害正当竞争的行为，即制定市场规制法，对市场竞争实行强制干预和管制，以排除市场障碍，让市场机制充分发挥对经济的调节作用，维护和促进社会主义市场经济协调、稳定和发展。

市场规制法，是调整国家对市场进行规制过程中发生的社会关系的法律规范的总称。它通过规范各类经营者的生产经营行为，维护公平竞争机制，提高市场配置资源的效率，保护经营者和消费者的权利和利益，建立公平竞争的市场环境。市场规制法主要包括《反不正当竞争法》《消费者权益保护法》《产品质量法》等法律制度。制止不正当竞争行为，保护经营者和消费者的合法权益，才能创造良好的营商环境，保障社会主义市场经济健康发展。

任务实训

微播公司为抖音 App 的开发者和运营者，于 2016 年 9 月上线。抖音 App 的用户服务协议第 10 条“知识产权”部分第 10.1 条载明：微播公司在抖音 App 及相关服务中提供内容（包括但不限于软件、技术、程序、网页、文字、图片、图像、音频、视频、图表、版面设计、电子文档等）的知识产权属于微播公司所有；微播公司提供本服务时所依托的软件著作权、专利权及其他知识产权均归公司所有；未经微播公司许可，任何人不得擅自使用。第 10.5 条载明：微播公司为抖音 App 开发、运营提供技术支持，并对抖音 App 软件及相关服务的开发和运营等过程中产生的所有数据和信息等享有全部权利。

创锐公司未经许可，采用技术手段或人工方式获取来源于抖音 App 中的 5 万余条视频文件、1 万多个用户信息、127 条评论内容并通过刷宝 App 向公众提供。

微播公司向法院起诉，主张创锐公司采用技术手段或人工方式抓取来源于抖音 App 中的视频文件及评论内容，并在刷宝 App 上向公众提供，造成微播公司用户流量的流失及广告收益的减少，削减了微播公司的竞争优势和交易机会，请求判令：（1）创锐公司立即停止涉案不正当竞争行为，即停止采用技术手段或人工方式获取来源于抖音 App 中的视频文件、评论内容并通过刷宝 App 向公众提供的行为。（2）本案判决生效之日起 3 日内，创锐公司在刷宝 App 首屏显著位置、《中国知识产权报》头版显著位置连续 30 日刊登声明、消除影响。（3）创锐公司赔偿微播公司经济损失 4 000 万元。

实训步骤：

1. 根据上述材料，以小组为单位讨论：创锐公司的行为是否构成不正当竞争？微播公司的诉讼请求能否得到支持？

2. 各小组进行交流、互评。

任务二 掌握不正当竞争行为的类型

基本知识

不正当竞争行为有以下类型：

一、市场混淆行为

市场混淆行为是指通过一系列混淆手段引人误认为是他人商品或者与他人存在特定联系的行为。这具体包括以下方面：

（1）擅自使用与他人有一定影响的商品名称、包装、装潢等相同或者近似的标识。

（2）擅自使用他人有一定影响的企业名称（包括简称、字号等）、社会组织名称（包括简称等）、姓名（包括笔名、艺名、译名等）。

（3）擅自使用他人有一定影响的域名主体部分、网站名称、网页等。

（4）其他足以引人误认为是他人商品或者与他人存在特定联系的混淆行为。

宣传中使用名人照片侵权吗？

二、虚假宣传行为

虚假宣传行为，是指经营者利用广告或者其他方法对商品或服务作出与实际情况不符的虚假宣传，导致用户和消费者误解的行为。《反不正当竞争法》第 8 条规定："经营者不得对其商品的性能、功能、质量、销售状况、用户评价、曾获荣誉等作虚假或者引人误解的商业宣传，欺骗、误导消费者。经营者不得通过组织虚假交易等方式，帮助其他经营者进行虚假或者引人误解的商业宣传。"

虚假宣传的内容涉及商品的性能、功能、质量、销售状况、用户评价、曾获荣誉等。其表现形式有两种：一种是与实际情况不符的虚假宣传，例如将一般产品宣传为名牌产品，将国产商品宣传为进口商品，将人为合成材料宣传为天然材料等；另一种是引人误解的宣传，即通过宣传上的渲染手段导致用户和消费者对商品的真实情况产生错误的联想，从而影响其对商品的选择。例如某主播在直播间销售"即食燕窝产品"，检测证明该产品并非燕窝而是燕窝风味饮料。市场监管部门经过调查，认定其为虚假宣传，对涉事直播公司作出罚款 90 万元的行政处罚决定，并对燕窝品牌商作出罚款 200 万元的行政处罚决定。

三、商业贿赂行为

《反不正当竞争法》第 7 条规定："经营者不得采用财物或者其他手段贿赂下列单位或者个人，以谋取交易机会或者竞争优势：（一）交易相对方的工作人员；（二）受交易相对方委托办理相关事务的单位或者个人；（三）利用职权或者影响力影响交易的单位或者个人。经营者在交易活动中，可以以明示方式向交易相对方支付折扣，或者向中间人支付佣金。经营者向交易相对方支付折扣、向中间人支付佣金的，应当如实入账。接受折扣、佣金的经营者也应当如实入账。经营者的工作人员进行贿赂的，应当认定为经营者的行为；但是，经营者有证据证明该工作人员的行为与为经营者谋取交易机会或者竞争优势无关的除外。”

四、侵犯商业秘密行为

商业秘密，是指不为公众所知悉、具有商业价值并经权利人采取相应保密措施的技术信息、经营信息等商业信息。侵犯商业秘密行为，是指行为人未经权利人许可，以非法手段获取商业秘密并予以披露或者使用的行为。

员工离职带走客户，侵犯商业秘密吗？

我国《反不正当竞争法》第 9 条规定了商业秘密保护问题：“经营者不得实施下列侵犯商业秘密的行为：（一）以盗窃、贿赂、欺诈、胁迫、电子侵入或者其他不正当手段获取权利人的商业秘密；（二）披露、使用或者允许他人使用以前项手段获取的权利人的商业秘密；（三）违反保密义务或者违反权利人有关保守商业秘密的要求，披露、使用或者允许他人使用其所掌握的商业秘密；（四）教唆、引诱、帮助他人违反保密义务或者违反权利人有关保守商业秘密的要求，获取、披露、使用或者允许他人使用权利人的商业秘密。第三人明知或者应知商业秘密权利人的员工、前员工或者其他单位、个人实施本条第一款所列违法行为，仍获取、披露、使用或者允许他人使用该商业秘密的，视为侵犯商业秘密。”

任务实训

甲、乙两旅行社都是享有盛名的承办境外游客到国内观光的经济组织。

2020 年，两旅行社均接待海外游客 20 万人次，经济效益不相上下。2021 年上半年，甲旅行社以高薪为条件，致使乙旅行社海外部 15 名工作人员全部辞职，转入甲旅行社工作。甲旅行社为此成立海外旅行二部，该 15 名原乙旅行社的工作人员在转入甲旅行社时将自己的业务资料、海外业务单位名单都带入甲旅行社。2021 年上半年，两旅行社的业务均发生很大的变化，甲旅行社的海外游客骤然上升，效益大增，而乙旅行社业务受到极大影响，产生了较大的经济损失。

实训步骤：

1. 根据上述材料，以小组为单位讨论：甲旅行社的行为是否构成侵犯商业秘密？

2. 各小组进行交流、互评。

五、商业诽谤行为

商业诽谤，或称商业诋毁、诋毁商誉，是指经营者采取捏造、散布虚伪事实等不正当手段，对竞争对手的商业信誉、商品声誉进行诋毁、贬低，以削弱竞争对手竞争能力的行为。

商业诽谤行为的对象是他人商誉。商业诽谤行为的构成应当具备以下要件：

（1）行为的主体是经营者，并且行为人与受害者之间具有竞争关系。

（2）行为人主观上具有过错。

（3）行为人在客观上有诋毁行为，即编造、传播虚假信息或者误导性信息的行为。

（4）行为的后果是被诋毁者的商业形象或商品形象方面的社会评价降低或有降低的可能性。

六、不当有奖销售行为

有奖销售行为，是指经营者以附带性地提供金钱、物品或者其他利益的引诱方式，促销其商品或者服务的行为。

有奖销售行为的基本特征如下：

（1）有奖销售是在经营者与购买者之间进行的。

（2）用于进行有奖销售的奖品（赠品）包括物品、金钱或者其他经济上的利益。

（3）存在着主从双重法律关系，具体可分为两点：一是经营者向购买者销售商品或者提供服务的关系；二是经营者向购买者提供赠品的赠与关系。

（4）有奖销售的目的是招揽顾客。

不当有奖销售行为属于不正当竞争行为。《反不正当竞争法》第 10 条规定："经营者进行有奖销售不得存在下列情形：（一）所设奖的种类、兑奖条件、奖金金额或者奖品等有奖销售信息不明确，影响兑奖；（二）采用谎称有奖或者故意让内定人员中奖的欺骗方式进行有奖销售；（三）抽奖式的有奖销售，最高奖的金额超过五万元。"

七、网络新型不正当竞争行为

随着信息技术的发展，互联网经营者的技术手段和服务模式不断推陈出新，市场竞争非常激烈。基于网络数字化、开放性的特点，经营者利用网络开展商业活动更具便利性，经营活动不再拘泥于实体环境，贸易壁垒不易形成，因而竞争更为充分自由，效率大为提高。但同时，网络经营活动中的不正当竞争问题也相伴而生，甚至在一些领域愈演愈烈。

网络信息不正当竞争行为以互联网等网络为背景，是网络产业发展的产物，其具有以下特点：参与竞争的企业数量众多，竞争激烈；技术性强，隐蔽性高；行为的交互性强；行为造成的损害影响大。

针对网络新型不正当竞争行为的危害，我国《反不正当竞争法》第 12 条作出了相应规定："经营者利用网络从事生产经营活动，应当遵守本法的各项规定。经营者不得利用技术手段，通过影响用户选择或者其他方式，实施下列妨碍、破坏其他经营者合法提供的网络产品或者服务正常运行的行为：（一）未经其他经营者同意，在其合法提供的网络产品或者服务中，插入链接、强制进行目标跳转；（二）误导、欺骗、强迫用户修改、关闭、卸载其他经营者合法提供的网络产品或者服务；（三）恶意对其他经营者合法提供的网络产品或者服务实施不兼容；（四）其他妨碍、破坏其他经营者合法提供的网络产品或者服务正常运行的行为。”

八、其他不正当竞争行为

除了上述不正当竞争行为外，还有一些行为也应当被认定为不正当竞争行为。例如，低价倾销行为、限制竞争行为等。

低价倾销行为是指经营者以排挤竞争对手为目的，以低于成本的价格销售商品。但以下情况属于依法降价处理商品，不属于低价倾销行为：销售鲜活商品；处理有效期限即将到期的商品或者其他积压的商品；季节性降价；因清偿债务、转产、歇业降价销售商品。

公用企业或者其他依法具有独占地位的经营者，不得限定他人购买其指定的经营者的商品，以排挤其他经营者的公平竞争。政府及其所属部门不得滥用行政权力，限定他人购买其指定的经营者的商品，限制其他经营者正当的经营活动。政府及其所属部门不得滥用行政权力，限制外地商品进入本地市场，或者本地商品流向外地市场。

任务三　掌握违反《反不正当竞争法》的法律责任

基本知识

经营者的合法权益受到不正当竞争行为损害的，可以向人民法院提起诉讼。因不正当竞争行为受到损害的经营者的赔偿数额，按照其因被侵权所受到的实际损失确定；实际损失难以计算的，按照侵权人因侵权所获得的利益确定。不正当竞争行为及其应承担的法律责任如表 5–1 所示。

表 5–1　不正当竞争行为及其应承担的法律责任

不正当竞争行为	法律责任
恶意侵犯商业秘密	由监督检查部门责令停止违法行为，处 10 万元以上 50 万元以下的罚款；情节严重的，处 50 万元以上 300 万元以下的罚款。
实施混淆行为	责令停止违法行为，没收违法商品。违法经营额 5 万元以上的，可以并处违法经营额 5 倍以下的罚款；没有违法经营额或者违法经营额不足 5 万元的，可以并处 25 万元以下的罚款。情节严重的，吊销营业执照。
进行商业贿赂	没收违法所得，处 10 万元以上 300 万元以下的罚款。情节严重的，吊销营业执照。
进行虚假或者引人误解的商业宣传	责令停止违法行为，处 20 万元以上 100 万元以下的罚款；情节严重的，处 100 万元以上 200 万元以下的罚款，可以吊销营业执照。
违法进行有奖销售	责令停止违法行为，处 5 万元以上 50 万元以下的罚款。

续表

不正当竞争行为	法律责任
损害竞争对手商业信誉、商品声誉	责令停止违法行为、消除影响，处 10 万元以上 50 万元以下罚款；情节严重的，处 50 万元以上 300 万元以下的罚款。
妨碍、破坏其他经营者合法提供的网络产品或服务正常运行	责令停止违法行为，处 10 万元以上 50 万元以下的罚款；情节严重的，处 50 万元以上 300 万元以下的罚款。

任务实训

甲网络科技公司系字体供应网站的运营者，其主要盈利模式为当用户有正版字体素材下载需求时，通过设置“付费会员免费下载”机制收取会员费，向会员开放素材库供会员免费下载。后来甲公司发现乙电子商务工作室运营的网站可以通过单独付费充值的方式对甲公司网站内素材进行解析下载。甲公司认为乙作为解析网站的运营及收款主体，其解析及付费设置等行为阻碍了甲所设置的浏览及付费渠道，破坏了其经营模式的正常运行，攫取了本应属于甲网站的用户流量，挤占了网站本应获得的下载量和市场份额，给其造成了经济损失，而乙因此获得了非法收益，构成不正当竞争，故甲公司诉至人民法院，要求判令乙公司立即停止上述行为并赔偿经济损失等共计 20 万元。

实训步骤：

1. 根据上述材料，以小组为单位讨论：乙公司的行为是否构成不正当竞争？
2. 各小组进行交流、互评。

项目十三　产品责任的认定

任务一　了解生产者、销售者对产品质量的责任和义务

基本知识

一、产品质量法律制度概述

根据《中华人民共和国产品质量法》（以下简称《产品质量法》）的规定，产品是指经过加工、制作，用于销售的产品，未经加工天然形成的产品（如原油、原煤等）及初级农

产品不适用《产品质量法》的规定。另外，建设工程质量及军工产品有专门法律规定，也不适用《产品质量法》的规定，但是，建设工程使用的建筑材料、建筑构配件和设备，属于《产品质量法》规定的产品范围的，适用《产品质量法》的规定。

二、生产者、销售者的产品质量责任和义务

产品质量责任，是指《产品质量法》规定的责任主体不履行《产品质量法》规定的保证产品质量的义务所应承担的法律后果。

（一）生产者的产品质量责任和义务

生产者对其生产的产品质量负责，必须严格履行其保证产品质量的法定义务；当不履行或不完全履行其法定义务时，必须依法承担相应的产品质量责任。生产者的产品质量责任和义务的具体内容如表 5–2 所示。

表 5–2　生产者的产品质量责任和义务

生产者的责任和义务	具体内容
保证内在质量义务	安全性：不存在危及人身、财产安全的不合理的危险，有保障人体健康和人身、财产安全的国家标准、行业标准的，应当符合该标准。
	功能性：具备产品应当具备的使用性能，但是，对产品存在使用性能的瑕疵作出说明的除外。
	使用性能的明示担保：符合在产品或者其包装上注明采用的产品标准，符合以产品说明、实物样品等方式表明的质量状况。
提供外在标识义务	提供必要的产品标识：有产品质量检验合格证明；有中文标明的产品名称、生产厂家厂名和厂址；产品规格、等级、所含成分等；使用期限及警示标识等。提供的标识应当真实、明确。
特殊产品包装义务	易碎、易燃、易爆、有毒、有腐蚀性、有放射性等危险物品以及储运中不能倒置和其他有特殊要求的产品，其包装标识需明确告知仓储、运输、销售及用户相关该产品的信息，作出警示说明。
不作为义务	不得生产国家明令淘汰的产品；不得伪造产地、伪造或者冒用他人的厂名厂址、伪造或者冒用认证标志等质量标志；不得掺杂、掺假、以假充真、以次充好；不得以不合格产品冒充合格产品。

（二）销售者的产品质量责任和义务

销售者是产品流转过程中的重要主体，在保证产品质量方面发挥着重要的作用。销售者的产品质量责任和义务的具体内容如表 5–3 所示。

表 5-3 销售者的产品质量责任和义务

销售者的责任和义务	具体内容
积极义务	进货检查验收，防止不合格产品进入市场
	保持产品质量，进货后应对保持产品质量负责，防止产品变质、腐烂，丧失或降低使用性能，产生危害人身、财产的瑕疵等。
	保证产品标识符合产品质量法对产品标识的要求，符合进货时验收的状态，不得更改、覆盖、涂抹产品标识。
消极义务	不得销售国家明令淘汰并停止销售的产品和失效、变质的产品。
	不得伪造产地，不得伪造或者冒用他人的厂名、厂址。
	不得伪造或者冒用认证标志、名优标志等质量标志。
	不得掺杂、掺假，以假充真、以次充好，以不合格产品冒充合格产品。

任务实训

2022 年，甲公司从乙公司调拨一批旧办公设备，其中包括某品牌空调。2023 年 6 月 14 日，甲公司厂房发生火灾，后消防支队经过调查认定起火原因为空调故障引起。消防支队在火灾现场提取了电气线路残骸作为痕迹物证，并送物证鉴定中心进行技术鉴定，但并未把空调残骸作为痕迹物证进行提取。而甲公司也未有效地保存空调残骸。

甲公司起诉至法院，要求判令生产空调的 A 公司赔偿甲公司损失 6 600 万元。

一审法院认为甲公司应对其主张引起火灾的故障空调承担举证责任，案涉火灾事故的故障空调是认定该空调品牌的重要物证，但甲公司提供的证据不足以证明其主张，可通过对空调残骸进行司法鉴定以查明事实。而甲公司无法提供调查令中所要求的案涉空调残骸。因此，甲公司主张引起火灾的故障空调是 A 公司生产的某品牌空调，证据不足，应予驳回。

甲公司不服，二审上诉。

A 公司是否应承担案涉火灾事故赔偿责任，需要澄清下列两个问题：

（1）关于案涉火灾事故是否因某品牌空调故障所引发的问题。

（2）关于空调故障是否系空调本身质量存在缺陷所致的问题。

实训步骤：

1. 根据上述材料，以小组为单位讨论上述两个问题。

2. 各小组进行交流、互评。

任务二　了解产品质量的管理与监督

基本知识

一、产品质量管理体制

我国产品质量管理采取集中领导、分区分行业管理的方式。

《产品质量法》第 8 条明确规定："国务院市场监督管理部门主管全国产品质量监督工作。国务院有关部门在各自的职责范围内负责产品质量监督工作。县级以上地方市场监督管理部门主管本行政区域内的产品质量监督工作。县级以上地方人民政府有关部门在各自的职责范围内负责产品质量监督工作。"

二、产品质量管理制度

（一）企业质量体系认证制度

企业根据自愿原则可以向国务院市场监督管理部门认可的或者国务院市场监督管理部门授权的部门认可的认证机构申请企业质量体系认证，经认证合格的，由认证机构颁发企业质量体系认证证书，证明企业的质量保证能力符合相应标准要求。

（二）产品质量认证制度

国家参照国际先进的产品标准和技术要求，推行产品质量认证制度。企业根据自愿原则，向法定认证机构申请产品质量认证。经认证合格的，由认证机构颁发产品质量认证证书，准许企业在产品或者其包装上使用产品质量认证标志。

（三）生产许可制度

对可能危及人体健康和人身、财产安全和公共利益的产品，我国采用生产许可制度。具备该类产品的生产条件并能保证产品质量的企业，国家依法授予许可生产该类产品的凭证。

三、产品质量监督制度

（一）国家监督：抽查制度

抽查对象：对可能危及人体健康和人身、财产安全的产品，影响国计民生的重要工业产品以及消费者、有关组织反映有质量问题的产品进行抽查。

抽查依据和方法：以产品标准、产品应当具备的使用功能、产品说明书、质量保证书、实物样品、产品标识等为依据，初查的样品应当是在市场上或者企业仓库内的代销产品，随机抽样。

法律后果：抽查的产品质量不合格的，由实施监督抽查的市场监督管理部门责令其生产者、销售者限期改正。逾期不改正的，由省级以上人民政府市场监督管理部门予以公告；公告后经复查仍不合格的，责令停业，限期整顿；整顿期满后经复查产品质量仍不合格的，吊销营业执照。监督抽查的产品有严重质量问题的，依照《产品质量法》的有关规定处罚。

（二）社会监督

任何单位和个人有权对违反《产品质量法》规定的行为，向市场监督管理部门或者其他有关部门检举，其检举权受法律保护，可以署名检举，也可以匿名检举。

（三）消费者监督

消费者有权就产品质量问题，向产品的生产者、销售者查询；向市场监督管理部门及有关部门申诉，接受申诉的部门应当负责处理。

任务三 认知产品质量责任制度

产品质量责任是指产品的生产者、销售者违反保证产品质量的义务，应当承担的法律后果。产品质量责任包括产品质量民事责任、行政责任及刑事责任。

产品存在缺陷，应该由谁来承担责任？

一、产品质量民事责任

产品质量民事责任包括产品瑕疵担保责任与产品缺陷损害赔偿责任。

（一）产品瑕疵担保责任

产品瑕疵担保责任，是指当生产或销售的产品存在瑕疵，即产品质量不符合明示或默示的质量要求，生产者或销售者应承担的责任。

承担产品瑕疵担保责任的条件如下：

（1）瑕疵：不具备应当具备的使用性能而事先未作说明的；不符合在产品或者其包装上注明采用的产品标准的；不符合以产品说明、实物样品等方式表明的质量状况的。

（2）权利主体为产品的购买者，责任主体为销售者。

（3）责任方式：销售者承担的产品瑕疵担保责任包括：修理、更换、退货、赔偿给产品购买人造成的损失，如运输费、交通费、误工费等。

（4）销售者赔偿损失后，产品瑕疵属于生产者或供货者的责任的，销售者有权向生产者、供货者追偿。

（二）产品缺陷损害赔偿责任

承担产品缺陷损害赔偿责任的条件为：产品存在缺陷；产品缺陷造成了损害；产品缺陷和损害事实间有因果关系。

因产品存在缺陷造成人身、他人财产损害的，受害人可以向产品的生产者要求赔偿，也可以向产品的销售者要求赔偿。属于产品的生产者的责任，产品的销售者赔偿的，产品的销售者有权向产品的生产者追偿。属于产品的销售者的责任，产品的生产者赔偿的，产品的生产者有权向产品的销售者追偿。

生产者对免除责任的条件，负有举证的责任。如果生产者不能有效证明其免责条件的，则不能免除生产者的赔偿责任。免责情形包括：未将产品投入流通的；产品投入流通时，引起损害的缺陷尚不存在的；将产品投入流通时的科学技术水平尚不能发现缺陷存在的。

由于销售者的过错使产品存在缺陷，造成人身、他人财产损害的，销售者应当承担赔偿责任。如销售者不能指明缺陷产品的生产者或供货者的，销售者应当承担全部赔偿责任。

因产品存在缺陷造成损害要求赔偿的诉讼时效期间为 2 年，自当事人知道或者应当知道其权益受到损害时起计算。因产品存在缺陷造成损害要求赔偿的请求权，在造成损害的缺陷产品交付最初消费者满 10 年丧失；但是，尚未超过明示的安全使用期的除外。

任务实训

2023 年 10 月 16 日晚 19 时许，张某在使用甲公司生产的某品牌防爆压力锅时，该高压锅突然发生爆炸，将其炸伤。该事件致使张某右眼球破裂等多处伤情，经鉴定为七级伤残，仍需后续治疗。张某起诉至法院，要求甲公司承担赔偿责任。

甲公司就其涉事高压锅辩称，公司自成立以来，专业生产各类型压力锅，拥有全国工业产品生产许可证，在行业内得到一致好评，且生产的产品均为合格产品，有合格证及使用方法说明。张某未提交证据证明本案争议产品存在缺陷或属于不合格产品，根据举证责任分配原则，因缺陷产品引发的诉讼，原告张某作为受害人应当对产品存在质量问题和缺陷问题、人身或财产遭受损害、损害因缺陷产品所致负有举证责任。因此张某受伤事实并非该公司产品所致，与该公司没有因果关系。

实训步骤：

1. 根据上述材料，以小组为单位讨论：产品存在质量问题或系缺陷产品该谁举证？当双方都无法举证时，法院应如何审判？

2. 各小组进行交流、互评。

二、产品质量行政责任

产品质量行政责任是指生产者、销售者因违反《产品质量法》而应当承担的法定的不利后果，主要是由产品质量监督部门和有关部门依法对生产者、销售者违反《产品质量法》规定的产品质量义务的行为给予罚款，没收违法生产销售的产品和违法所得，吊销营业执照等行政处罚。

《产品质量法》第五章“罚则”详细列举了生产者、销售者、中介机构、行政部门等违反该法时的各种行政责任。如第 49 条至第 53 条列举了生产者、销售者不履行“不作为义务”时的处罚规定。第 57 条、第 58 条、第 65 条、第 66 条、第 67 条、第 68 条列举了检验机构、中介机构、政府行政部门违反该法时的处罚规定。

任务实训

2023 年 1 月 3 日，某市场监督管理局执法人员对甲儿童用品有限公司生产的儿童防走丢背包进行产品质量监督抽查检验，检验报告显示样品所检项目（电镀配件）不符合标准要求，遂判定该产品质量不合格。2 月 21 日，某市场监督管理局依法向甲公司送达了《行政处罚告知书》，甲公司申请第三方检测公司对其不合格检项电镀配件进行送样检测，检验结果为合格，遂向某市场监督管理局申请整改复查，经复查后上述产品均为电镀配件项目不合格，与首次检验结果为同一批次产品。某市场监督管理局作出以下行政处罚：没收备样的儿童防走丢背包；没收违法所得 1 036.26 元；罚款 2 000 元。

实训步骤：

1. 根据上述材料，以小组为单位讨论：对于生产不存在危及人身、财产安全的不合格产品的行为可以按照《产品质量法》的规定进行处罚吗？
2. 各小组进行交流、互评。

三、产品质量刑事责任

产品质量的刑事责任是指产品质量问题的严重违法行为，依照《中华人民共和国刑法》（以下简称《刑法》）的规定构成犯罪所应承担的法律后果。承担刑事责任的方式主要有：罚款、拘役、判刑等。刑事责任是最严厉的法律责任。《刑法》专门对生产、销售伪劣商品构成犯罪的行为的刑事责任作了具体规定。在《产品质量法》“罚则”一章的有关条款中，对严重的质量违法行为，规定了要“依法追究刑事责任”。

任务实训

2021 年 7 月，江苏某烧烤店老板顾某在与朋友仲某聚餐时听说经营网店赚钱比较快，便放弃了烧烤生意，与仲某、曹某一起经营销售假农药的网店并在邓州注册了两家农资公司，办理了农药经营许可证，对接好了物流公司。

联系好上游供货商后，顾某在某电商平台注册了“聚农农业科技”等多个网店，让毕某担任客服，开始销售假冒“一扫光”牌和“鼎盛”牌除草剂。2022 年 2 月至 6 月期间，这些假冒伪劣农药被销往全国 20 余个省份。

2022 年 5 月，两名消费者在顾某的网店购买了 4 000 余元的农药，发现该农药是假冒产品后，向当地公安机关报警。经公安机关立案侦查，从涉案电商平台的总部调取了顾某销售的 16 个批次假农药的信息，并赴湖北、广西、湖南、广东等地找到购买者，拿到了尚未使用的成桶假农药。经检测，顾某销售的两个品牌农药中均不含草铵膦成分，能够认定为假农药，并确定顾某、毕某实际销售伪劣农药的金额为 401 万余元。

实训步骤：

1. 根据上述材料，以小组为单位讨论：顾某、仲某、曹某等销售假农药的行为是否应当承担刑事责任？

2. 各小组进行交流、互评。

项目十四　消费者合法权益保护

任务一　了解消费者的概念和特征

任务情景

李某于 2020 年 3 月 16 日从甲经营部购买了茶几、电视柜、转椅、四门柜、木床和两个床头柜，共计 3 万元，均为特价商品。订货单据记载：天然材料制成的家具色泽、纹理会有差异，还会有色斑、结疤等非质量问题，选购时敬请充分注意。家具出售后，如有质量问题，按国家相关法律法规执行。

李某支付完毕所有货款后，甲经营部于 2020 年 11 月 27 日将上述家具送到李某家中并安装。后李某向甲经营部反映存在电视柜有凹坑和划痕、床头被撞了个坑、衣柜门板有裂口、转椅掉漆等问题。甲经营部于2020年12月6日表示可以负责维修，但李某要求更换木床，其他家具可以进行维修，双方协商未果引发诉讼。

问题：如果你是法官，该做何判决？

基本知识

随着改革开放深入发展，我国人民生活水平有了很大提高，但假冒伪劣商品时有出现，商品和服务质量瑕疵侵害消费者合法权益的现象也屡屡发生，当产生消费者权益争议时，如何通过适当和有效的途径解决纠纷，保护消费者合法权益呢？

在日常生活中，我们每个人都是消费者。与作为经营者的大公司、大企业尤其是大的垄断集团相比，分散的消费者由于经济力量极为弱小，造成了买卖双方交易能力的不平衡。加上消费者与经营者之间有关商品的知识存在着固有的差距，在商品交易中，消费者经常成为被损害的弱者。因此，各国普遍重视消费者权益保护方面的立法工作。消费者权益保护法律制度不仅保护消费者个体的利益，而且保障社会经济秩序和社会整体利益。

一、消费者的概念和法律特征

《中华人民共和国消费者权益保护法》（以下简称《消费者权益保护法》）第2条对“消费者”的内涵作了界定，即为生活消费需要购买、使用商品或者接受服务的社会成员是《消费者权益保护法》意义上的消费者。由此可推知，判定是否属于“消费者”最重要的标准是看这种消费的性质是否属于生活消费。消费者有以下法律特征。

买家都是受《消费者权益保护法》保护的消费者吗？

（一）消费者的消费性质属于生活消费

广义的消费包括生活消费和生产消费。

所谓生活消费，是指为了个体或家庭的物质、文化生活需要所进行的消费，比如去商场购买服装、去饭店吃饭、去理发店理发等。消费者不仅包括为自己生活需要购买物品的人，也包括为了收藏、保存、送人等需要而购买物品，以及替家人、朋友购买物品，或者代理他人购买生活用品的人。

所谓生产消费，是指为了生产经营的目的，先行购进原材料，然后将其再加工或者再销售。生产消费不在《消费者权益保护法》的保护之列，应当适用《民法典》《产品质量法》等法律。

《消费者权益保护法》第62条规定：“农民购买、使用直接用于农业生产的生产资料，参照本法执行。”尽管农民对这些商品的消费是以生产为目的，但仍然适用《消费者权益保护法》，体现了国家对农民予以特别的关注和保护。例如，某公司因生产经营需要购买化肥，由于对方交付的化肥是掺假的，此时尽管化肥是农用物资，但由于是用于经营而不是直接用于农业生产，因此，该公司只能基于合同法律制度请求仲裁机构或人民法院确认该合同无效，而不能适用《消费者权益保护法》。如果是农民购买的化肥用于春耕，从用途上仍用于生产经营，由于销售者有欺诈行为，则该农民有权依《消费者权益保护法》请求销售者承担惩罚性违约金。

（二）消费的客体是商品或服务

《消费者权益保护法》中消费者的消费客体是商品和服务。商品和服务是多种多样的，有的是用于生产消费过程中，有的是用于生活消费过程中。而在《消费者权益保护法》中规定的消费者消费的商品和服务是指用于生活消费的那部分商品和服务。

（三）消费的方式是购买、使用商品或接受服务

这对认定消费者权益保护法的保护对象具有重要意义。消费者并不完全等同于买受人。购买者和使用者有时是一致的，有时是相互分离的。所以说，消费者既可能是购买商品的个人，也可能是使用和消费他人购买的商品的人。既可能是有关服务合同中接受服务的一方当事人，也可能是接受服务的非合同当事人。

（四）消费的主体限于个体社会成员，即自然人

从事消费活动的社会组织、企事业单位不属于《消费者权益保护法》意义上的消费者。分散的、单个的自然人在市场中处于弱势地位，需要法律的特别保护，实践中存在法人、其他组织或团体为了分配给内部成员个人使用而出面购买生活消费品或服务的情况，此种情形可以适用《消费者权益保护法》，因为最终的使用者还是自然人而非单位，这与“单位购买、单位使用”并不相同。

任务实训

张某是经营装修材料的个体户，3月，张某从某建材批发市场购进了大批装修材料准备用于销售，为了生意方便，他住进了堆满装修材料的库房。生意非常红火，但张某经常感到头痛。刚开始张某没有在意，可随着时间的推移，张某的身体每况愈下。后到医院检查，张某得知是甲醛中毒，原来他所购进的这批装修材料甲醛严重超标。张某决定诉诸法律，他认为自己购买了商品就是消费者，理应受到《消费者权益保护法》的保护。而建材批发市场却认为：张某购买商品是为了再销售，不是消费者。

实训步骤：

1. 根据上述材料，以小组为单位讨论：张某到底是不是消费者？为什么？

2. 各小组进行交流、互评。

二、《消费者权益保护法》的基本原则

《消费者权益保护法》是一部保护消费者的合法权益，维护社会经济秩序，促进社会主义市场经济健康发展的法律，其基本原则如下。

（一）经营者依法提供商品或服务的原则

经营者在经营活动中严格履行法律的各项义务，是实现消费者有关权利的条件和前提。经营者向消费者提供商品或服务，应当符合有关法律法规所规定的标准，应当保证其提供的商品或者服务符合保障人身、财产安全的要求。

（二）平等自愿、诚实信用原则

我国《消费者权益保护法》第4条明确规定："经营者与消费者进行交易，应当遵循自愿、平等、公平、诚实信用的原则。"在"消费者的权利"一章中又明确了消费者的自主选择权、公平交易权、受尊重权等，在"经营者的义务"一章中也明确了经营者应当诚实信用的一些具体义务，在"法律责任"一章中，更是规定了经营者违反此原则的处罚措施。

（三）国家保障原则

我国《消费者权益保护法》第5条规定："国家保护消费者的合法权益不受侵害。国家采取措施，保障消费者依法行使权利，维护消费者的合法权益。"这一原则是由国家的职能和性质以及消费者的弱势地位决定的，体现了国家对生活消费关系的适度干预，是《消费者权益保护法》最为重要的原则。该原则具体体现在以下几个方面：

（1）国家通过消费者权益保护立法，保障消费者的合法权益。

（2）国家通过行政管理手段保障消费者的合法权益。

（3）国家通过加强司法工作，保障消费者的合法权益。

（四）行政监督与社会监督相结合的原则

我国《消费者权益保护法》第6条规定："保护消费者的合法权益是全社会的共同责任。国家鼓励、支持一切组织和个人对损害消费者合法权益的行为进行社会监督。大众传播媒介应当做好维护消费者合法权益的宣传，对损害消费者合法权益的行为进行舆论监督。"一方面，应充分发挥国家有关行政管理机关的监督管理职能。另一方面，社会组织和公民应通过各种渠道、各种途径对经营者损害消费者合法权益的行为进行社会监督。

任务二　掌握消费者享有的权利

消费者权利是指消费者为了满足生活消费的需要，能够作出或不作出一定行为，以及其要求经营者相应作出或不作出一定行为的法律权利。消费者的权利和经营者的义务是相对应的消费者权利的实现在一定程度上依赖于经营者义务的履行。经营者的义务是指经营者依法必须为一定行为或不为一定行为，以满足和实现消费者的生活消费需要的责任。

一、安全保障权

安全保障权是消费者最基本的权利。《消费者权益保护法》第7条规定："消费者在购买、使用商品和接受服务时享有人身、财产安全不受损害的权利。消费者有权要求经营者提供的商品和服务，符合保障人身、财产安全的要求。"由于消费者取得商品和服务适用于生活消费，因此商品和服务必须绝对可靠，必须绝对保证商品和服务的质量，不会损害消费者的生命和健康。

游客受伤，景区要承担责任吗？

任务实训

2022年10月30日晚，杨某与其朋友共七人在某餐厅二楼用餐，傍晚18时许，杨某下楼时不慎摔倒。其朋友联系私家车将其送至某医院。医院初诊记录中载明：患者陪同人员诉患者于1小时前从2楼坠落，致头部外伤，双眼青紫，意识不清，呕吐，遂来诊。医院于19时32分向杨某家属下发危重病通知单，后杨某被其家人接到家中，于当晚死亡。

11月12日，杨某朋友共六人与杨某家属协商一致，签订承诺书，载明："2022年10月30日，杨某与其朋友六人在某餐厅喝酒，在喝酒时段内杨某自行下楼不慎摔倒，后在某医院经抢救无效死亡。为解决此事，杨某朋友共六人向杨某家属支付18万元，此协议为一次性终结协议。"杨某朋友共六人在该承诺书上签字捺印，并向杨某家属支付18万元。杨某家属认为某餐厅对杨某的死亡未尽到安全保障义务，故诉至法院，请求处理。

审理中查明，杨某单位已发放因杨某死亡需支付的丧葬费、抚恤金等费用。某餐厅楼梯上贴有"小心地滑、小心台阶"标识，楼梯台阶长约80 cm，台阶面宽20cm，台阶高24～30cm不等。某餐厅厨房位于一楼，需通过楼梯向二楼传送餐食。

实训步骤：

1. 根据上述材料，以小组为单位讨论：餐厅是否应为杨某的死亡承担责任？为什么？

2. 各小组进行交流、互评。

二、知悉真情权

知悉真情权，又称获取信息权、知情权、了解权，是消费者享有知悉其购买、使用的商品或者接受的服务的真实情况的权利。为了减少经营者和消费者之间关于商品和服务的信息不对称，保障消费者的知情权，依据法律规定，消费者有权根据商品或者服务的不同情况，要求经营者提供商品的价格、产地、生产者、用途、性能、规格、等级、主要成分、生产日期、有效期限、检验合格证明、使用方法说明书、售后服务，或者服务的内容、规格、费用等有关情况。

三、自主选择权

我国《消费者权益保护法》第 9 条规定了消费者的自主选择权，即消费者享有自主选择商品或者服务的权利。消费者的自主选择权包括以下几个方面：（1）自主选择提供商品或者服务的经营者的权利。（2）自主选择商品品种或者服务方式的权利。（3）自主决定购买或者不购买任何一种商品、接受或者不接受任何一项服务的权利。（4）在自主选择商品或者服务时，进行比较、鉴别和挑选的权利。

四、公平交易权

我国《消费者权益保护法》规定了消费者享有公平交易的权利。消费者在购买商品或者接受服务时，有权获得质量保障、价格合理、计量正确等公平交易条件。为了保障公平交易的实现，必须依据《反垄断法》和《反不正当竞争法》等，对劣质销售、价格不公、计量失度等不公平交易行为加以禁止。此外，消费者还有权拒绝经营者的强制交易行为。

五、依法求偿权

依法求偿权是消费者因购买、使用商品或者接受服务受到人身、财产损害的，享有依法获得赔偿的权利。依法求偿权是弥补消费者所受损害的必不可少的救济性权利。

六、依法结社权

消费者享有依法成立维护自身合法权益的社会组织的权利。消费者的结社权是随着消费者运动的兴起而在法律上的必然表现，也是客观实践的需要。在消费领域，虽然经营者与消费者法律地位平等，但双方经济地位在实践中是不平等的。消费者的依法结社权使消费者能够从分散、弱小走向集中和强大，并通过集体的力量改变自己的弱势地位，从而与实力雄厚的经营者相抗衡，因此，对消费者的依法结社权必须予以保障。

七、获取知识权

获取知识权是指消费者享有获得有关消费和消费者权益保护方面的知识的权利。在今天，由于厂商与消费者在信息、实力等方面的差距越来越大，因此，消费者应当努力掌握所需商品或者服务的知识和使用技能，正确使用商品，提高自我保护意识。获取知识权既是知情权、自主选择权等其他权利实现的重要保障，也是消费者的主要权利。

八、维护尊严权

消费者在购买、使用商品和接受服务时，享有人格尊严、民族风俗习惯得到尊重的权利，享有个人信息依法得到保护的权利。

九、监督批评权

监督批评权是指消费者享有对商品和服务以及保护消费者权益工作进行监督的权利。消费者有权检举、控告侵害消费者权益的行为和国家机关及其工作人员在保护消费者权益工作中的违法失职行为，有权对保护消费者权益工作提出批评、建议。

《消费者权益保护法》赋予消费者监督批评权，其目的在于保护广泛的消费者群体，同时也有利于经营者提高服务质量，有助于相关国家机关改进工作作风。经营者应接受消费者的监督，要通过有效途径或方式接受消费者的批评和建议，把提供商品或服务的活动置于消费者的有效监督之下。

任务实训

2022 年 9 月，姚女士入住一家民宿之后体验不如预期，在消费点评网站上给出“三星”评价，民宿经营者多次打电话找姚女士交涉，要求她改个“好评”，双方发生争执，姚女士认为受到滋扰，随即把“三星”降到“一星”，还加上了更多评论，比如评价这个房间未含早餐，并说了“服务跟配套完全不对等，只有傻子才来”等类似的话。

民宿经营者也在评论区针锋相对，反指姚女士“恶意差评、威胁炒作”“口出狂言、缺乏心智”等。姚女士在其他社交媒体上公布双方的纠纷，并将民宿经营者告上法院，要求道歉并支付精神损害赔偿金 5 000 元。民宿经营者则提出反诉，要求姚女士赔礼道歉、澄清事实、消除影响，并赔偿经济损失 26 万多元。

实训步骤：

1. 根据上述材料，以小组为单位讨论：差评是不是侵权行为？作为消费点评类的网站，对用户发布的“差评”和商家的回复有哪些规范？

2. 各小组进行交流、互评。

任务三 掌握经营者应当履行的义务

基本知识

一、依法定或约定履行义务

经营者向消费者提供商品或者服务，应当依照《消费者权益保护法》和其他有关法律、法规的规定履行义务。经营者和消费者有约定的，应当按照约定履行义务，但双方的约定不得违背法律、法规的规定。经营者向消费者提供商品或者服务，应当恪守社会公德，诚信经营，保障消费者的合法权益；不得设定不公平、不合理的交易条件，不得强制交易。

经营者提供的商品或者服务不符合质量要求的，消费者可以依照国家规定、当事人约定退货，或者要求经营者履行更换、修理等义务。没有国家规定和当事人约定的，消费者可以自收到商品之日起 7 日内退货；7 日后符合法定解除合同条件的，消费者可以及时退货，不符合法定解除合同条件的，可以要求经营者履行更换、修理等义务。依照相关规定进行退货、更换、修理的，经营者应当承担运输等必要费用。

《消费者权益保护法》第 25 条赋予了消费者 7 日反悔权。其具体内容为：“经营者采用网络、电视、电话、邮购等方式销售商品，消费者有权自收到商品之日起七日内退货，且无需说明理由，但下列商品除外：（一）消费者定作的；（二）鲜活易腐的；（三）在线下载或者消费者拆封的音像制品、计算机软件等数字化商品；（四）交付的报纸、期刊。除前款所列商品外，其他根据商品性质并经消费者在购买时确认不宜退货的商品，不适用无理由退货。消费者退货的商品应当完好。经营者应当自收到退回商品之日起七日内返还消费者支付的商品价款。退回商品的运费由消费者承担；经营者和消费者另有约定的，按照约定。”

网购商品都能七天无理由退货吗?

二、听取意见和接受监督的义务

《消费者权益保护法》第 17 条规定：“经营者应当听取消费者对其提供的商品或者服务的意见，接受消费者的监督。”这是与消费者的监督批评权相对应的经营者义务。法律规定经营者听取意见和接受监督的义务有利于提高消费者的地位。

三、安全保障义务

经营者应当保证其提供的商品或者服务符合保障人身、财产安全的要求。对可能危及人身、财产安全的商品和服务，应当向消费者作出真实的说明和明确的警示，并说明和标明正确使用商品或者接受服务的方法以及防止危害发生的方法。

宾馆、商场、餐馆、银行、机场、车站、港口、影剧院等经营场所的经营者，应当对消费者尽到安全保障义务。

《消费者权益保护法》明确了经营者召回缺陷商品的义务。法律规定，经营者发现其提供的商品或者服务存在缺陷，有危及人身、财产安全危险的，应当立即向有关行政部门报告和告知消费者，并采取停止销售、警示、召回、无害化处理、销毁、停止生产或者服务等措施。采取召回措施的，经营者应当承担消费者因商品被召回支出的必要费用。

四、提供真实信息的义务

经营者向消费者提供有关商品或者服务的质量、性能、用途、有效期限等信息，应当真实、全面，不得作虚假或者引人误解的宣传。经营者对消费者就其提供的商品或者服务的质量和使用方法等问题提出的询问，应当作出真实、明确的答复。经营者提供商品或者服务应当明码标价。

针对网络购物等非现场交易中经营者提供的信息不真实、不完整问题，《消费者权益保护法》第 28 条规定："采用网络、电视、电话、邮购等方式提供商品或者服务的经营者，以及提供证券、保险、银行等金融服务的经营者，应当向消费者提供经营地址、联系方式、商品或者服务的数量和质量、价款或者费用、履行期限和方式、安全注意事项和风险警示、售后服务、民事责任等信息。"

五、标明其真实名称和标记的义务

《消费者权益保护法》第 21 条规定："经营者应当标明其真实名称和标记。租赁他人柜台或者场地的经营者，应当标明其真实名称和标记。"即使租赁期满后，在法律规定的情况下，消费者也有权要求经营者承担责任。

六、出具凭证或单据的义务

《消费者权益保护法》第 22 条规定："经营者提供商品或者服务，应当按照国家有关规定或者商业惯例向消费者出具发票等购货凭证或者服务单据；消费者索要发票等购货凭证或者服务单据的，经营者必须出具。

七、保证质量的义务

《消费者权益保护法》第 23 条规定："经营者应当保证在正常使用商品或者接受服务的情况下其提供的商品或者服务应当具有的质量、性能、用途和有效期限；但消费者在购买该商品或者接受该服务前已经知道其存在瑕疵，且存在该瑕疵不违反法律强制性规定的除外。经营者以广告、产品说明、实物样品或者其他方式表明商品或者服务的质量状况的，应当保证其提供的商品或者服务的实际质量与表明的质量状况相符。经营者提供的机动车、计算机、电视机、电冰箱、空调器、洗衣机等耐用商品或者装饰装修等服务，消费者自接受商品或者服务之日起六个月内发现瑕疵，发生争议的，由经营者承担有关瑕疵的举证责任。"

八、公平交易义务

经营者在经营活动中使用格式条款的，应当以显著方式提请消费者注意商品或者服务的数量和质量、价款或者费用、履行期限和方式、安全注意事项和风险警示、售后服务、民事责任等与消费者有重大利害关系的内容，并按照消费者的要求予以说明。

经营者不得以格式条款、通知、声明、店堂告示等方式，作出排除或者限制消费者权利、减轻或者免除经营者责任、加重消费者责任等对消费者不公平、不合理的规定，不得利用格式条款并借助技术手段强制交易。格式条款、通知、声明、店堂告示等含有前述所列内容的，其内容无效。

九、不得侵犯消费者人身权的义务

经营者不得对消费者进行侮辱、诽谤，不得搜查消费者的身体及其携带的物品，不得侵犯消费者的人身自由。

十、保护消费者个人信息的义务

经营者收集使用个人信息，需要注意哪些问题？

在实践中，有的经营者非法收集、使用消费者的个人信息，擅自泄露或者非法向他人提供消费者个人信息，严重影响消费者正常生活，侵害消费者的合法权益。《消费者权益保护法》第 29 条明确了经营者对消费者个人信息的保护义务。首先，经营者收集、使用消费者个人信息，应当遵循合法、正当、必要的原则，明示收集、使用信息的目的、方式和范围，并经消费者同意。经营者收集、使用消费者个人信息，应当公开其收集、使用规则，不得违反法律、法规的规定和双方的约定收集、使用信息。其次，经营者及其工作人员对收集的消费者个人信息必须严格保密，不得泄露、出售或者非法向他人提供。经营者应当采取技术措施和其他必要措施，确保信息安全，防止消费者个人信息泄露、丢失。在发生或者可能发生信息泄露、丢失的情况时，应当立即采取补救措施。最后，经营者未经消费者同意或者请求，或者消费者明确表示拒绝的，不得向其发送商业性信息。

任务实训

2020 年 4 月 28 日，戴某在某培训学校参加英语培训课程，填写了注册报名表，并在报名须知上签名。报名规则载明："……退款须知：不可办理退款的情形（即学员不得单方面解除合同的情形）：（1）所有享受报名优惠（含连报优惠）的学员不退费。（2）3～5 人 VIP 班、VIP 一对一套餐班一律不退费，也不可退任一单项课程。（3）丢失听课证的学员不退费……以上所有情况，报名后学员不得单方面解除合同，一律不可退班退款。"

同日，该培训学校向戴某出具金额为 30 000 元的收据一张，内容为："VIP

一对一课程，100 课时店庆充值 3 万元送 2 000 元课程＋2 000 元礼物。”同时，该培训学校在该收据上备注：“刷卡特别活动专属定制课程不退班不退费。”

2020 年 5 月 2 日，戴某向该培训学校邮寄“要求退款通知函”，要求解除合同，双方发生争议，协商不成，形成诉讼。

实训步骤：

1. 根据上述材料，以小组为单位讨论：戴某要求解除合同是否有法律依据？
2. 各小组进行交流、互评。

任务四 掌握消费者合法权益的保护

基本知识

一、消费者合法权益的全面保护

在消费者权益保护方面，不仅经营者负有直接的义务，而且国家、社会也都负有相应的义务。只有各类主体都有效地承担起相应的保护消费者权益的义务，消费者的各项权利才能得到有效的保障。《消费者权益保护法》对于国家和社会在保护消费者权益方面的义务也作出了明确规定。

（一）立法保护

保护消费者合法权益，立法是基础。《消费者权益保护法》是保护消费者合法权益的基本法律，此外，《产品质量法》《反不正当竞争法》《中华人民共和国广告法》等也都体现了国家对消费者合法权益的保护。《消费者权益保护法》第 30 条规定，国家制定有关消费者权益的法律、法规、规章和强制性标准，应当听取消费者和消费者协会等组织的意见。

（二）行政保护

《消费者权益保护法》第 31 条规定：“各级人民政府应当加强领导，组织、协调、督促有关行政部门做好保护消费者合法权益的工作，落实保护消费者合法权益的职责。”

《消费者权益保护法》第 32 条规定：“各级人民政府工商行政管理部门和其他有关行政部门应当依照法律、法规的规定，在各自的职责范围内，采取措施，保护消费者的合法权益。有关行政部门应当听取消费者和消费者协会等组织对经营者交易行为、商品和服务质量问题的意见，及时调查处理。”

《消费者权益保护法》第 33 条规定：“有关行政部门在各自的职责范围内，应当定期或者不定期对经营者提供的商品和服务进行抽查检验，并及时向社会公布抽查检验结果。有关行政部门发现并认定经营者提供的商品或者服务存在缺陷，有危及人身、财产安全危险的，应当立即责令经营者采取停止销售、警示、召回、无害化处理、销毁、停止生产或者服务等措施。”

（三）司法保护

《消费者权益保护法》第 34 条规定：“有关国家机关应当依照法律、法规的规定，惩处经营者在提供商品和服务中侵害消费者合法权益的违法犯罪行为。”

《消费者权益保护法》第 35 条规定：“人民法院应当采取措施，方便消费者提起诉讼。对符合《中华人民共和国民事诉讼法》起诉条件的消费者权益争议，必须受理，及时审理。”

（四）消费者合法权益的社会保护

消费者协会和其他消费者组织是依法成立的对商品和服务进行社会监督的保护消费者合法权益的社会组织。消费者协会对商品和服务进行社会监督，保护消费者的合法权益，引导广大消费者合理、科学消费，促进社会主义市场经济健康发展。

二、消费者权益争议的解决

消费者权益争议是指在消费领域中，消费者与经营者之间因权利义务关系产生的矛盾纠纷，主要表现为消费者在购买、使用商品或接受服务中，由于经营者不依法履行义务或不适当履行义务使消费者的合法权益受到损害或消费者对经营者提供的商品或服务不满意，双方因此而产生的矛盾纠纷。

消费者和经营者发生消费者权益争议的，可以通过下列途径解决：

（1）与经营者协商和解。这是指消费争议的双方当事人就有关争议进行协商，最终达成和解协议，解决纠纷。协商和解是消费者与经营者解决争议首先应采用的方式，它具有经济、简便、快捷的特点，在实践中应用最普遍。

（2）请求消费者协会或者依法成立的其他调解组织调解。调解是指消费者与经营者将争议交由作为第三方的消费者协会就有关争议进行协商，双方达成协议以解决争议的方式。

（3）向有关行政部门投诉。消费者在发生消费争议时，不愿意通过协商和解，也不愿意请求调解，或协商和解不成时，也可以向有关行政部门投诉，要求给予处理。我国有关食品卫生、药品管理、价格管理、医疗卫生、产品质量等保护消费者法律规范中都有由有关行政机关处理消费者权益纠纷的明确规定。我国《消费者权益保护法》第 46 条规定：“消费者向有关行政部门投诉的，该部门应当自收到投诉之日起七个工作日内，予以处理并告知消费者。”

（4）根据与经营者达成的仲裁协议提请仲裁机构仲裁。消费者可以依据与经营者达成的仲裁协议，将消费争议提请仲裁机构仲裁。

（5）向人民法院提起诉讼。消费争议亦可通过民事诉讼程序解决。

三、赔偿责任主体的确定

社会再生产及社会分工决定了消费者在购买使用商品或接受服务时直接、间接与多个经营者产生利害关系，那么，当消费者权益受到损害时应该向谁要求赔偿，即如何确定赔偿责任主体呢？

（一）生产者、销售者、服务者的责任

（1）消费者在购买使用商品时，其合法权益受到损害，可以向销售者要求赔偿。这体现了对消费者的先行赔付义务，即销售者负有先行赔偿消费者损失的法定义务。如果造成消费者损害的责任在于生产者或中间商，销售者在赔偿消费者后，有权向责任方追偿。值得指出的是，违反这一法律规定的现象，在当前还时有发生，例如消费者因商品质量问题受到损害而要求销售者承担相应责任时，售货员（甚至商场管理人员）还嚷着让消费者去找生产厂家，很是“理直气壮”，其实这是违反法律的行为，消费者切不可因此而退让。

（2）消费者或者其他受害人因商品缺陷造成人身、财产损害的，可以向销售者要求赔偿，也可以向生产者要求赔偿。属于生产者责任的，销售者赔偿后，有权向生产者追偿。属于销售者责任的，生产者赔偿后，有权向销售者追偿。这一规定赋予消费者对求偿主体的选择权，同时也强化和固定了销售者、生产者的赔偿义务。此处，保护范围不仅基于消费者，而且扩大到了第三人及其他受害人。如果事后查明不可归责于生产者或销售者，而是可归责于仓储者或运输者，应由生产者或销售者向仓储者或运输者追偿，消费者不能直接请求仓储者或运输者赔偿。

（3）消费者在接受服务时，其合法权益受到损害的，可以向服务者要求赔偿。

（4）为防止经营者利用企业变更之机，逃避对消费者理应承担的损害赔偿责任，《消费者权益保护法》规定，变更后的企业仍应承担赔偿责任。消费者在购买、使用商品或者接受服务时，其合法权益受到损害，因原企业分立、合并的，可以向变更后承受其权利义务的企业要求赔偿。

（二）营业执照持有人和租借人的责任

出借、出租营业执照或借用、租用他人营业执照，是违反工商行政管理法规的行为。使用他人营业执照的违法经营者提供商品或者服务，损害消费者合法权益的，消费者可以向其要求赔偿，也可以向营业执照的持有人要求赔偿。

（三）展销会举办者、柜台出租者承担的期后连带责任

消费者在展销会、租赁柜台购买商品或者接受服务，其合法权益受到损害的，可以向销售者或者服务者要求赔偿。展销会结束或者柜台租赁期满后，也可以向展销会的举办

者、柜台的出租者要求赔偿。展销会的举办者、柜台的出租者赔偿后，有权向销售者或者服务者追偿。

（四）网络交易平台的责任

消费者通过网络交易平台购买商品或者接受服务，其合法权益受到损害的，可以向销售者或者服务者要求赔偿。网络交易平台提供者不能提供销售者或者服务者的真实名称、地址和有效联系方式的，消费者也可以向网络交易平台提供者要求赔偿；网络交易平台提供者作出更有利于消费者的承诺的，应当履行承诺。网络交易平台提供者赔偿后，有权向销售者或者服务者追偿。

直播销售假货，电商平台要担责吗？

网络交易平台提供者明知或者应知销售者或者服务者利用其平台侵害消费者合法权益，未采取必要措施的，依法与该销售者或者服务者承担连带责任。

（五）广告经营者、发布者、推荐人的连带赔偿责任

消费者因经营者利用虚假广告或者其他虚假宣传方式提供商品或者服务，其合法权益受到损害的，可以向经营者要求赔偿。广告经营者、发布者发布虚假广告的，消费者可以请求行政主管部门予以惩处。广告经营者、发布者不能提供经营者的真实名称、地址和有效联系方式的，应当承担赔偿责任。

广告经营者、发布者设计、制作、发布关系消费者生命健康商品或者服务的虚假广告，造成消费者损害的，应当与提供该商品或者服务的经营者承担连带责任。

社会团体或者其他组织、个人在关系消费者生命健康商品或者服务的虚假广告或者其他虚假宣传中向消费者推荐商品或者服务，造成消费者损害的，应当与提供该商品或者服务的经营者承担连带责任。

任务实训

2022年5月15日，村民郭某在某电商平台下单花220元购买了一台水泵，5月18日到货后安装使用。5月31日晚，郭某用该水泵往田里抽水，因水泵不出水，在将水泵从水里取出检查时，因水泵漏电遭电击身亡。郭某妻子得知情况后，立即叫了救护车将郭某送往县中心医院，后因抢救无效郭某被宣布死亡。派出所民警调取了公路边的监控视频，监控画面很清楚地拍到了郭某被电击的整个过程。事发当场，郭某右手食指握着泵体，左手食指上还有几个烧焦的黄色水泡，郭某妻子怀疑就是220元所买水泵漏电导致的。随后，郭某妻子通过电商平台反映相关问题，并要求进行赔偿，但由于一直没能得到解决，遂将水泵生产厂家、电商平台、平台销售商一起诉至法院，要求承担赔偿责任。经一审鉴定，该水泵电源

线接头处破损，铜线外漏，导致在水里导电，电机绕组与水泵外壳导通，存在漏电风险，且水泵铭牌注明的执行标准为 JB / T8645-1997《潜水螺杆泵》，该标准已作废，2011 年 11 月 1 日起开始执行新标准 JB / T8645-2011《潜水螺杆泵》。

生产厂家辩称，案涉水泵公证封存时间比较长，已经无法还原水泵在事故发生时的真实状态，鉴定机构的结论也不足以证明产品存在缺陷。

电商平台辩称，电商平台存在数以亿计的商品，平台公司没有能力去进行一一核实，入驻平台的商家都是签过合同的，约定了各方的责任，平台作为第三方没有责任，不应承担连带赔偿责任。

平台销售商辩称，烧毁的水泵不具有鉴定可比性与可行性，而且水泵上明确标注了警示事项，水泵检修需要断电操作，是郭某操作不当引发的触电。

实训步骤：

1. 根据上述材料，以小组为单位讨论：郭某之死是否与水泵具有因果关系？原告的诉讼请求能否得到法院支持？

2. 各小组进行交流、互评。

四、法律责任

（一）民事责任

1. 承担民事责任的概括性规定

经营者提供商品或者服务有下列情形之一的，除《消费者权益保护法》另有规定外，应当承担民事责任：

（1）商品或者服务存在缺陷的。

（2）不具备商品应当具备的使用性能而出售时未作说明的。

（3）不符合在商品或者其包装上注明采用的商品标准的。

（4）不符合商品说明、实物样品等方式表明的质量状况的。

（5）生产国家明令淘汰的商品或者销售失效、变质的商品的。

（6）销售的商品数量不足的。

（7）服务的内容和费用违反约定的。

（8）对消费者提出的修理、重作、更换、退货、补足商品数量、退还货款和服务费用或者赔偿损失的要求，故意拖延或者无理拒绝的。

（9）法律、法规规定的其他损害消费者权益的情形。

经营者对消费者未尽到安全保障义务，造成消费者损害的，应当承担侵权责任。

2. 关于侵犯人身权的民事责任

（1）经营者提供商品或者服务，造成消费者或者其他受害人人身伤害的，应当赔偿医疗费、护理费、交通费等为治疗和康复支出的合理费用，以及因误工减少的收入。造成残疾的，还应当赔偿残疾生活辅助具费和残疾赔偿金。造成死亡的，还应当赔偿丧葬费和死亡赔偿金。

（2）经营者侵害消费者的人格尊严、侵犯消费者人身自由或者侵害消费者个人信息依法得到保护的权利的，应当停止侵害、恢复名誉、消除影响、赔礼道歉，并赔偿损失。

（3）经营者有侮辱诽谤、搜查身体、侵犯人身自由等侵害消费者或者其他受害人人身权益的行为，造成严重精神损害的，受害人可以要求精神损害赔偿。

3. 关于侵犯财产权的民事责任

（1）经营者提供商品或者服务，造成消费者财产损害的，应当依照法律规定或者当事人约定承担修理、重作、更换、退货、补足商品数量、退还货款和服务费用或者赔偿损失等民事责任。

（2）经营者以预收款方式提供商品或者服务的，应当按照约定提供。未按照约定提供的，应当按照消费者的要求履行约定或者退回预付款，并应当承担预付款的利息、消费者必须支付的合理费用。

（3）依法经有关行政部门认定为不合格的商品，消费者要求退货的，经营者应当负责退货。

（4）经营者提供商品或者服务有欺诈行为的，应当按照消费者的要求增加赔偿其受到的损失，增加赔偿的金额为消费者购买商品的价款或者接受服务的费用的 3 倍；增加赔偿的金额不足 500 元的，为 500 元。法律另有规定的，依照其规定。经营者明知商品或者服务存在缺陷，仍然向消费者提供，造成消费者或者其他受害人死亡或者健康严重损害的，受害人有权要求经营者赔偿损失，并有权要求所受损失 2 倍以下的惩罚性赔偿。

（二）行政责任

根据我国《消费者权益保护法》的规定，经营者有下列情形之一，除承担相应的民事责任外，其他有关法律、法规对处罚机关和处罚方式有规定的，依照法律、法规的规定执行；法律、法规未作规定的，由市场监督管理部门或者其他有关行政部门责令改正，可以根据情节单处或者并处警告、没收违法所得、处以违法所得 1 倍以上 10 倍以下的罚款，没有违法所得的，处以 50 万元以下的罚款；情节严重的，责令停业整顿、吊销营业执照：

（1）提供的商品或者服务不符合保障人身、财产安全要求的。

（2）在商品中掺杂、掺假，以假充真，以次充好，或者以不合格商品冒充合格商品的。

（3）生产国家明令淘汰的商品或者销售失效、变质的商品的。

（4）伪造商品的产地，伪造或者冒用他人的厂名、厂址，篡改生产日期，伪造或者冒用认证标志等质量标志的。

（5）销售的商品应当检验、检疫而未检验、检疫或者伪造检验、检疫结果的。

（6）对商品或者服务作虚假或者引人误解的宣传的。

（7）拒绝或者拖延有关行政部门责令对缺陷商品或者服务采取停止销售、警示、召回、无害化处理、销毁、停止生产或者服务等措施的。

（8）对消费者提出的修理、重作、更换、退货、补足商品数量、退还货款和服务费用或者赔偿损失的要求，故意拖延或者无理拒绝的。

（9）侵害消费者人格尊严、侵犯消费者人身自由或者侵害消费者个人信息依法得到保护的权利的。

（10）法律、法规规定的对损害消费者权益应当予以处罚的其他情形。

经营者有上述规定情形的，除依照法律、法规规定予以处罚外，处罚机关应当记入信用档案，向社会公布。

经营者违反我国《消费者权益保护法》规定，应当承担民事赔偿责任和缴纳罚款、罚金，其财产不足以同时支付的，先承担民事赔偿责任。

经营者对行政处罚决定不服的，可以依法申请行政复议或者提起行政诉讼。

（三）刑事责任

经营者违反我国《消费者权益保护法》规定提供商品或者服务，侵害消费者合法权益，构成犯罪的，依法追究刑事责任。

以暴力、威胁等方法阻碍有关行政部门工作人员依法执行职务的，依法追究刑事责任；拒绝、阻碍有关行政部门工作人员依法执行职务，未使用暴力、威胁方法的，由公安机关依照《中华人民共和国治安管理处罚法》的规定处罚。国家机关工作人员玩忽职守或者包庇经营者侵害消费者合法权益的行为的，由其所在单位或者上级机关给予行政处分；情节严重，构成犯罪的，依法追究刑事责任。

任务实训

2022 年 7 月至 8 月，马某在甲市经营了两家理发店。在经营上述两家理发店的过程中，马某指使、纠集杨某、韩某等人以外地来本市的未成年暑期学生工为主要作案对象，采用虚假宣传服务价格，未经顾客允许即向其提供服务等手段虚增服务价格，并通过显露文身、围住被害人、扬言带被害人去市区找老板等方式营造紧张气氛，先后强迫 57 人在上述两家店内消费合计 23 164 元，并逐渐形成以马某为较为固定的纠集者，杨某、韩某等人为一般成员的恶势力犯罪团伙，对当地市场秩序构成严重威胁，造成了较为恶劣的社会影响。

法院认为，马某、杨某、韩某等人结伙，多次强迫他人接受服务，其行为均已构成强迫交易罪。据此，判处被告人马某等人 2 年 5 个月至 5 年不等有期徒刑，并处罚金。

实训步骤：

1. 根据上述材料，以小组为单位讨论：强迫交易罪的界定标准是什么？侵犯消费者权益的行为还有可能会构成哪些犯罪？

2. 各小组进行交流、互评。

知识点睛

《反不正当竞争法》《产品质量法》《消费者权益保护法》是规范市场行为的重要法律制度。不正当竞争行为的主体是经营者，侵犯的客体是其他经营者的合法权益和社会经济秩序。产品瑕疵和产品缺陷虽然同属产品质量问题，但在法律上是两个截然不同的概念，其含义及其归责原则均有所不同。《消费者权益保护法》是对消费者合法权益的国家保护和社会保护，规定了消费争议解决的途径、赔偿主体的确定，以及当经营者违反法律规定时应当承担的民事责任、行政责任和刑事责任。

学以致用

一、单选题

1. 根据反不正当竞争法律制度的规定，下列行为中，属于不正当竞争行为的是（　　）。

A. 甲因其所居住小区内的超市过于吵闹，影响其休息，遂捏造该超市出售伪劣商品的事实并进行散布，导致该超市营业额严重下降

B. 乙家具制造企业将产自中国的家具产品的原产地标注为意大利

C. 丙歌厅见与其相邻的另外一家歌厅价格低、服务好、客源多，遂雇用打手上门寻衅滋事，进行威胁

D. 入夏前，丁商场为了筹集资金购进夏装，以低于进货价的价格甩卖了一批库存的羽绒服

2. 经营者的不正当竞争行为给被侵害的经营者造成的损失难以计算，赔偿额为（　　）。

A. 受害人在被侵权期间所获得的利润

B. 侵权人在侵权期间所获得的利润

C. 侵权人在侵权期间因侵权所获得的利润

D. 侵权人在侵权期间所获得的利润的 1.5 倍

3. 在《反不正当竞争法》中，商业贿赂主要是指（　　）。

A. 回扣　　B. 让利　　C. 折扣　　D. 佣金

4. 某公司开发一款新型手机，给某实验室 10 件样品用于测试，后来样品有 6 件丢失。一天，刘某手机爆炸，经查明刘某从朋友处低价购买了样品手机，正是实验室丢失的 6 件样品手机中的一件，而该手机电池存在重大缺陷。刘某要求该公司赔偿损失，该公司不同意赔偿，下列最能支持该公司立场的理由是（　　）。

A. 该手机尚未投入流通

B. 刘某如何得到手机的事实不清

C. 刘某偷盗样品，由此造成的损失应由其自负

D. 刘某应向提供给其手机的人索赔

5. 李某以 4 000 元在某知名网商购买某品牌洗衣机。使用 6 年后，洗衣机突然爆炸，造成玻璃碎裂，人员受伤，经评估，李某损失约 5 万元。事发后，该网商同意赔偿 4 000 元，而李某提出不能低于 5 万元。李某向法院起诉，法院认为，认定产品有质量问题，必须有技术监督部门的鉴定，该洗衣机已毁且库存已无，技术监督部门表示无法鉴定。法院推定，不能排除消费者由于使用、管理不当和其他因素发生爆炸的可能性，洗衣机产品质量问题证据不足，遂驳回起诉。下列说法中正确的是（　　）。

A. 法院可以推定该洗衣机产品质量问题证据不足

B. 网商同意赔偿 4 000 元，是合法的

C. 李某可以向网商索赔 5 万元，也可以向生产商索赔 5 万元

D. 生产商以该洗衣机已经过了有效期为由，不予赔偿李某的损失

6. 张某在某 4S 店购得一辆电动汽车，使用一年后去该 4S 店维护保养。张某被告知该车变速控制部分存在故障，需要更换。张某认为车变速控制存在质量问题，要求该 4S 店免费更换，4S 店认为是张某使用不当所致，要求其承担更换费用。经查，该车变速控制部分不符合产品说明所述质量。对此，下列说法正确的是（　　）。

A. 张某有权请求该 4S 店承担免费更换责任

B. 张某只能请求该车生产商承担免费更换责任

C. 张某有权请求该 4S 店承担产品侵权责任

D. 该 4S 店和该车生产商应当连带承担产品侵权责任

7. 下列各项中，不属于《消费者权益保护法》调整对象的是（　　）。

A. 农民为自办的蛋糕店购买鸡蛋　　B. 学生为自学需要购买书籍

C. 个体经营者为家庭消费需要购买大米　　D. 农民为种植购买蔬菜种子

8. “百挑不厌”的商业口号，体现了经营者对消费者（　　）的尊重和维护。

A. 自主选择权　　B. 人格尊严受尊重权

C. 知情权　　D. 公平交易权

9. 小李在商场买了一件 100 元的某品牌衣服，后来被证实是假货，于是向商场索赔。根据《消费者权益保护法》，小李可要求商场支付的退货费和赔偿金共为（　　）。

A. 200 元　　B. 400 元　　C. 500 元　　D. 600 元

10. 经营者采用网络、电视、电话、邮购等方式销售商品，除特殊商品外，消费者有

权自收到商品之日起（　　）日内退货，且无须说明理由。

A. 5　　B. 7　　C. 10　　D. 15

二、多选题

1. 下列情形中不属于不正当竞争行为的有（　　）。

A. 最高奖的金额为 3 000 元的抽奖式有奖销售

B. 以低于成本的价格销售鲜活商品

C. 擅自使用某个体工商户的商号

D. 在级别低的名优产品上使用级别高的名优标志

2. 甲酒厂为扩大销量，精心模仿乙酒厂知名白酒的包装、装潢。根据反不正当竞争法律制度的规定，下列说法中不正确的有（　　）。

A. 如果乙厂的包装、装潢未获得外观设计专利，则甲厂模仿行为合法

B. 如果甲厂在包装、装潢上标明了自己的厂名、厂址、商标，则不构成仿冒行为

C. 如果甲厂白酒的包装、装潢不足以使消费者误认为是乙厂白酒，则不构成仿冒混淆行为

D. 如果乙厂白酒的长期消费者留意之下能够辨别出二者差异，则不构成仿冒行为

3. 搭售的构成要件有（　　）。

A. 市场支配地位　　B. 两个或者两个以上的产品

C. 强制购买被搭售品　　D. 对被搭售品市场的竞争具有限制效果

4. 某知名品牌家具店出售的书柜，如安装不当（如未固定到墙上），可能发生因柜子倾斜致人伤亡的危险。关于此事，下列说法正确的是（　　）。

A. 该书柜质量应符合产品安全性的要求

B. 该书柜本身或者包装上应有警示标志或者中文警示说明

C. 质检部门对这种书柜进行抽查，可向该店收取检验费

D. 该书柜应该被召回，且该店应承担购买者因召回支出的全部费用

5. 王某在某大型超市给 10 个月大的孩子买了辆学步车，孩子在学步车中摔倒并受伤严重。经查询得知，该型号学步车半年前已被认定为不合格产品，超市从总经销商正规渠道进货，下列选项中正确的是（　　）。

A. 王某有权向该学步车生产商索赔

B. 王某有权向总经销商、超市索赔

C. 超市向王某赔偿后，有权向该学步车生产商索赔

D. 超市向王某赔偿后，有权向总经销商索赔

6. 刘某从某商场购买了某品牌厂生产的高压锅送给其母亲，刘某母亲在烹饪时邻居张大妈到其厨房聊天，高压锅爆炸致 2 人受伤。下列选项中错误的是（　　）。

A. 张大妈不得依据《产品质量法》请求赔偿

B. 如高压锅被认定为缺陷产品，刘某可向该品牌生产厂家或商场请求赔偿

C. 如高压锅未被认定为缺陷产品，则该厂不承担赔偿责任

D. 如该商场证明目前科技水平尚不能发现缺陷存在，则不承担赔偿责任

7. 下列商品不适用消费者后悔权的有（ ）。

A. 鲜活易腐的商品

B. 消费者定作的商品

C. 在线下载或者消费者拆封的音像制品、计算机软件等数字化商品

D. 交付的报纸、期刊

8. 郑女士看到某市《生活报》上刊登的去斑产品广告，广告声称丽美公司生产的该产品对于面部诸如雀斑、黄褐斑等各种斑点具有良好效果，无任何不良反应，并且承诺用了该产品如果没有疗效，全额退款。郑女士遂到广告中提供的丽美公司的销售点买了一套产品，用后导致皮肤溃烂，以下陈述正确的是（ ）。

A. 郑女士有权要求丽美公司全额退款

B. 郑女士有权要求丽美公司赔偿皮肤溃烂的损失

C.《生活报》应当对郑女士承担连带赔偿责任

D. 郑女士可以请求行政主管部门对《生活报》予以惩处

9. 李某经营个体商店亏损达数千元，于是决定停止营业。赵某遂将李某店铺租下，同时租用李某的营业执照，经营各种商品和饮料。后消费者王某在该店中购买到变质商品，为此发生纠纷，王某准备提起诉讼解决。对此，下列表述中正确的有（ ）。

A. 王某只能以赵某为被告起诉

B. 王某只能以李某为被告起诉

C. 王某可以以赵某为被告起诉，也可以以李某为被告起诉

D. 王某可以以赵某和李某为共同被告起诉

10. 2020 年 5 月，李某在某大型展销会的 8 号柜台购买了甲公司组装生产、乙公司提供部分零部件的彩电一台。一个月后，彩电在使用中发生爆炸，造成李某的儿子受伤。李某欲向销售者索赔，但发现展销会早已结束， 8 号柜台不复存在。于是李某找到展销会的举办者丙公司，丙公司拒绝承担责任，但根据记录查到当时展销会上的 8 号柜台是丁公司销售彩电的柜台。此案中，李某有权向其请求赔偿的有（ ）。

A. 甲公司　　B. 乙公司　　C. 丙公司　　D. 丁公司

三、案例分析题

1. 2021 年 12 月底，姚先生在某电商平台上购买了 2 盒国内某著名品牌坚果，发现买回来的坚果吃起来味道与之前官网购买的相差甚远，怀疑是假货，于是选择报警。

民警立即对网店的流水进行查询，发现店铺短时间内流水超过 50 万元。经调查发现，该店铺所售坚果为小作坊生产的假冒品牌坚果。一盒成本 20 元的坚果，以 50 元价格出售，非法获利 500 多万元，而且坚果霉菌严重超标。

请分组讨论：店铺经营者应承担什么样的法律责任？

2. 甲公司出售给乙商场一批玻璃花瓶，称花瓶上有不规则的抽象花纹为新产品，乙商场接货后即行销售，后受到很多消费者投诉，消费者说花瓶上的花纹实际上是裂缝，花瓶漏水，要求乙商场退货并赔偿损失。乙商场与甲公司交涉，甲公司称此类花瓶是用于插装塑料花的，裂缝不影响使用，且有特殊的美学效果，拒绝承担责任。

问题：消费者丙被花瓶裂缝划伤，他该向乙商场索赔，还是向甲公司直接索赔？乙商场该怎么处理，才能挽回损失？乙商场与甲公司分别该承担怎样的责任？

3. 物业公司与商贸公司签订了合同，约定商贸公司安装 2 台变频器，物业公司支付 4 万元货款以及 2 万元安装费。合同签订后，商贸公司从电气公司处购入了变频器，并依约安装。但不到 1 个月，变频器就无法正常使用了。经协商，物业公司将变频器退回电气公司，电气公司退回 4 万元变频器价款。物业公司认为，为了安装变频器，其共计支付 6 万元，现退回了 4 万元价款，还有 2 万元损失未获得补偿，该损失是因变频器存在质量缺陷所致，因此电气公司应当赔偿损失 2 万元。

问题：该案例中变频器的质量问题应当属于产品瑕疵还是产品缺陷？

能力训练

李某是一名二手车行业的从业者。2021 年 9 月 25 日，李某与 L 公司签订《二手车交易协议》，约定：李某向 L 公司购买二手车一辆，交易总金额 105 000 元，定金 2 000 元，尾款 103 000 元；自本协议项下车辆交付之日起，本协议项下的车辆发生的所有交通违法违章事故均由李某负责处理，并承担相关费用；提车前李某须自行查验本协议项下车辆外观、内饰、配置、随车工具及备件、行驶里程、质量状况等所有需要检测情况，如有任何异议须在提车前向 L 公司书面提出，李某提车后，L 公司不再提供退换服务；协议签订后，任何一方不得随意解除，如需解除协议，因此给对方造成损失的，除不可归责于解除方的事由之外，应当赔偿损失。

此后，李某先后向 L 公司转账支付 105 000 元，双方办理了车辆的过户登记手续，车辆交付李某使用。车辆交付后，李某发现车辆 A 柱存在明显变形，在调取车辆保险记录时发现：该车于 2018 年和 2019 年发生过两次事故，定损金额分别为 7 458 元和 1 158.18 元。L 公司没有告知李某该车属于事故车辆。

李某多次向 L 公司协商未果，遂诉至法院。李某诉请：解除双方 2021 年 9 月 25 日签订的二手车交易协议，L 公司退还车款 105 000 元，并赔偿李某 105 000 元；L 公司承担李某支出的律师费 8 000 元；L 公司承担每月停车费 500 元，从 2018 年 5 月 1 日起计算至实际给付之日止。被告 L 公司辩称：L 公司不知晓本案车辆发生过事故，也没有故意隐瞒，不存在欺诈行为；按照合同约定，L 公司没有退货的义务；该合同也未构成法定解除；李某是二手车行业的从业人员，并不是消费者，L 公司没有赔偿的义务，不适用《消费者权益保护法》。

请分组讨论：该案是否适用《消费者权益保护法》？李某的诉讼请求是否应当得到支持？

参考文献

[1] 李正华，丁春燕 . 经济法概论 [M]. 4 版 . 北京：中国人民大学出版社，2020.

[2] 宋立成，吴长军 . 经济法概论：数字教材版 [M]. 北京：中国人民大学出版社，2020.

[3] 中国就业培训技术指导中心 . 企业人力资源管理师（四级）[M]. 4 版 . 北京：中国劳动社会保障出版社，2020.

[4] 韩雪琴，李梦钧 . 经济法概论 [M]. 5 版 . 大连：东北财经大学出版社，2021.

[5] 焦娇 . 经济法概论 [M]. 2 版 . 上海：复旦大学出版社，2022.

[6] 董京原，李赟鹏 . 经济法基础 [M]. 北京：高等教育出版社，2023.

[7] 温智，魏彦珩 . 电子商务法律法规 [M]. 3 版 . 北京：清华大学出版社，2024.

[8] 财政部会计财务评价中心 . 经济法基础 [M]. 北京：经济科学出版社，2024.